Mes recettes faciles pour les diverticules coliques

Volume 1

© 2022, Cédric Menard

Édition : BoD – Books on Demand, info@bod.fr
Impression : BoD – Books on Demand, In de Tarpen 42, Norderstedt
(Allemagne) Impression à la demande
ISBN : 978-2-3224-3951-5
Dépôt légal : juin 2022

Articles L122-4 et L-122-5 : toutes reproductions écrites, toutes impressions, toutes mises en ligne sur Internet d'une ou plusieurs pages de cet ouvrage, à usage à titre professionnel ou privé, est strictement interdit sans accord de l'auteur, conformément à la législation en vigueur, le cas échéant, des poursuites pénales seront engagés contre tous contrevenants.

Mes recettes proposées

- Œufs farcis .... Page 20
- Œuf dans tomate .... Page 22
- Orphie au vin blanc sec .... Page 24
- Suprême de truite .... Page 26
- Délice de saumon .... Page 28
- Bars sauce tomate .... Page 30
- Rougets en marinade .... Page 32
- Congre sauce provençale .... Page 34
- Sole meunière .... Page 36
- Parmentier de saumon .... Page 38
- Sardines au four .... Page 40
- Coquille de poisson .... Page 42
- Moules à la marinière .... Page 44
- Noix de saint Jacques sautées .... Page 46
- Dinde braisée .... Page 48
- Pintade aux choux de Bruxelles .... Page 50
- Poule au blanc .... Page 52
- Tarte épinard et poulet .... Page 54
- Poulet aux petits pois .... Page 56
- Galette de bœuf haché .... Page 58
- Filet mignon au soja .... Page 60

- Poulet au riz complet .... Page 62
- Pain de viande de veau .... Page 64
- Veau aux salsifis .... Page 66
- Veau à la crème d'avoine .... Page 68
- Escalope de porc farcie .... Page 70
- Veau sauce franche .... Page 72
- Porc sauce au vin .... Page 74
- Croquettes de veau .... Page 76
- Agneau aux fèves .... Page 78
- Foie en cocotte .... Page 80
- Gras double aux oignons .... Page 82
- Sauté de lapin aux pruneaux .... Page 84
- Terrine de lapin .... Page 86
- Canard au quinoa .... Page 88
- Soissons sauce tomate .... Page 90
- Haricots rouges au poulet .... Page 92
- Fond d'artichaut garni .... Page 94
- Salade de champignons .... Page 96
- Avocat garni .... Page 98
- Coulis de tomates et poivrons .... Page 100
- Potage crème de petits pois .... Page 102
- Gratin d'aubergines .... Page 104
- Purée de céleri-rave .... Page 106
- Champignons de Paris aux herbes .... Page 108
- Courgettes sautées .... Page 110

- *Gâteau de courgettes* .... Page 112
- *Haricots verts à la hongroise* .... Page 114
- *Salade aux figues* .... Page 116
- *Gratin de chou romanesco* .... Page 118
- *Régal aux amandes* .... Page 120
- *Crème pâtissière enrichie* .... Page 122
- *Crêpes aux bananes* .... Page 124
- *Délice de fruits rouges* .... Page 126
- *Gelée d'orange* .... Page 128
- *Riz condé aux brugnons* .... Page 130
- *Crème de pommes* .... Page 132
- *Crème au chocolat enrichie* .... Page 134
- *Mousse au café enrichie* .... Page 136
- *Crêpe enrichie* .... Page 138

- *7 jours de menus automne/hiver* .... Page 141
- *7 jours de menus printemps/été* .... Page 149

Conseils diététiques importants

Limitez l'utilisation des matières grasses cuites autant que possible.
Pas de friture.
Si utilisation de lardons dans vos plats, **dégraissez-les** toujours avant de les intégrer dans vos plats.
Parez et **dégraissez** vos viandes autant que possible avant leur intégration à vos plats, et essayez de choisir les viandes les **moins grasses.**
Evitez l'excès de carottes cuites dans vos plats qui ralentissent le transit intestinal.
Si des produits laitiers sont utilisés dans vos plats, privilégiez ceux qui sont **allégés en matières grasses** : lait écrémé ou demi-écrémé, fromage blanc maigre, fromage affiné allégé en matières grasses, crème fraîche allégée en matières grasses...
Si possible, ne consommez pas de lait végétal, et ne pas les utiliser dans vos recettes, ni de lait dépourvu de lactose. Le cas échéant, favorisez le lait d'avoine.
Si vous ne tolérez pas le lactose, utilisez du lait d'avoine au sein de vos recettes.

Dès que possible, en fonction de la recette mise en œuvre, essayez d'y intégrer du **son de blé, de riz, de maïs ou d'avoine**.
Privilégiez l'utilisation des pâtes **complètes**, de la semoule de blé **complet**, des farines **complètes** et du riz **complet** autant que possible.
N'hésitez pas à cuisiner régulièrement des **légumes secs**.
Privilégiez les **édulcorants** à la place du sucre. Souvenez-vous que 10g d'édulcorant « sucre » autant que 100g de sucre !
Evitez de peler vos légumes verts **dès que possible**.
Favorisez les légumes les plus riches en fibres.
N'oubliez pas l'intérêt des **pruneaux** !
Ne consommez pas de coing.

<u>NB</u> : les diverses graines de proposées au sein des recettes de cet ouvrage sont facultatives, elles vous sont proposées pour leurs très grandes qualités nutritionnelles*. <u>**Mais toujours bien les piler avant consommation !**</u> *Idem pour toutes les farines de proposées (celles-ci sont remplaçables par de la farine de blé complet dans les mêmes proportions).

Je vous conseille mon ouvrage : « Recettes et menus pour les diverticules coliques» qui vous guidera très efficacement dans l'élaboration de vos recettes.

Conseils culinaires importants

Les viandes de consommées seront si possible maigres : veau, bœuf maigre, escalope de poulet ou de dinde, cuisse de dinde ou de poulet, jambon blanc maigre, côte de porc, filet mignon...

Les poissons de consommés seront gras ou maigres sans distinction importante dans leur choix.

Les œufs sont consommables à la coque, mollets, durs, cocottes, pochés, au plat, en omelette ou brouillés...

Les modes de cuisson à favoriser sont les suivants : grillade, dans une poêle antiadhésive sans matière grasse, rôti, papillote, à la vapeur, à l'eau, en braisé ou en sauté dans une cocotte.

➢ ***Sur le grill*** *: ne pas huiler la viande, le poisson ou le grill ! Utilisez le grill très chaud, ainsi il n'y aura pas adhérence entre la grille et l'aliment. Ce mode de cuisson est très vivement conseillé car ainsi les* graisses de constitution fondent et l'aliment devient alors beaucoup plus digeste !

➤ **Dans une poêle antiadhésive** : un peu d'huile végétale peut être utilisée mais avec parcimonie. Sinon, si vous ne souhaitez pas utiliser de la matière grasse, utilisez la poêle très chaude, pour cela vaporisez un peu d'eau dans la poêle, dès que l'eau s'est évaporée, la poêle est assez chaude. En général, cuisinez ensuite votre viande dans la poêle mais à feu moyen afin d'éviter la carbonisation de l'aliment qui est en train de cuire.

➤ **En papillote** : enveloppez dans du papier aluminium des petites pièces de viande ou de poisson en aromatisant : fines herbes, ail, thym, feuilles de laurier sauce, citronnelle, sel, poivre, citron, quelques épices diverses si tolérées... Vin blanc sec également de possible... puis fermez la papillote très hermétiquement. Cuisson au four ou à la vapeur.

➤ **Dans le four** : grill, brochette ou rôti à réserver aux pièces les plus grosses. Afin d'éviter le dessèchement des pièces à cuire il est possible d'adjoindre un bol d'eau dans le four pour y maintenir une atmosphère plus humide.

➢ **A la vapeur** : dans le panier de l'autocuiseur, dans le couscoussier ou encore entre deux assiettes au-dessus d'une casserole. Les pièces peuvent être accompagnées de légumes et d'aromates qui vont donner du goût, mais également l'eau qui pourra être enrichie très avantageusement de nombreux aromates : thym, feuilles de laurier sauce, romarin, citronnelle... le liquide bouillant doit toujours se situer au niveau inférieur de la passoire ou du panier contenant les aliments à cuire.

➢ **A l'eau** : commencez par préparer un court bouillon très parfumé : dans de l'eau froide et salée, incorporez des carottes coupées en fines rondelles, ail, oignon en rondelles, quatre ou cinq clous de girofle, poivre en grains, thym, deux feuilles de laurier sauce, romarin, persil, blancs de poireaux... puis laissez cuire à feu moyen pendant 45 minutes dès ébullition. Ensuite, laissez refroidir le court bouillon en le passant au chinois (il ne vous reste donc plus que le bouillon parfumé). Ensuite les pièces à cuire au court bouillon seront incorporées au court bouillon tiède ou froid et la cuisson débutera à feu moyen. Idéal pour la cuisson des poissons maigres, blanquette de veau diététique, etc.

➢ *Dans une cocotte* : soit la cocotte a un revêtement antiadhésif, soit la cocotte est à fond épais. Un peu d'huile végétale peut être utilisée mais avec parcimonie. Faites sauter vos viandes dans la cocotte bien chaude mais pas à feu vif, tout en remuant sans cesse les morceaux de viande à l'aide d'une spatule en bois.

➢ *Au four à micro-ondes* : possibilité de faire des papillotes mais uniquement avec du papier cuisson sulfurisé. Le problème de ce mode cuisson c'est que la cuisson est rapide et que les aliments n'ont pas le temps de s'imprégner du goût des aromates.

➢ *La cuisson en braisé* : il s'agit d'un mode de cuisson très intéressant pour les viandes de troisième catégorie, c'est-à-dire les viandes nécessitant une longue cuisson… La méthode est très simple à mettre en pratique et en plus, si votre viande est bien parée, le plat obtenu est peu gras. Voici la méthode à mettre en œuvre :

1- Dans une cocotte (au mieux en fonte émaillée) avec couvercle indispensable, bien chaude, faire rissoler les morceaux de viande découpés en quartiers de taille moyenne dans un peu d'huile végétale à feu moyen à vif.

2- Une fois les morceaux de viande bien rissolés, les réserver dans un plat à part.

3- Dans la cocotte, faire revenir ensuite des oignons coupés en dés ou en lamelles ainsi que des carottes préalablement parées, lavées et découpées en rondelles, les faire rissoler ensemble à feu moyen jusqu'à la caramélisation des oignons.

4- Réintégrer les morceaux de viande dans la cocotte avec les oignons caramélisés et les carottes, introduire le bouquet garni, sel, poivre, et mouiller avec de l'eau tiède, ou mieux avec du bouillon de viandes ou de légumes, avec possibilité également de le faire avec pour moitié de vin rouge... Si vous n'avez pas de bouillon de viandes de disponible, introduisez un cube de bouillon déshydraté dans un bol d'eau chaude et faite dissoudre le cube au fouet... (attention dans ce cas à modérer très fortement vos apports en sel, car les cubes de bouillon déshydratés sont **très salés**). Le liquide de mouillement ne doit pas dépasser la hauteur de la viande, au mieux le liquide de mouillement doit atteindre les 2/3 du niveau de la viande.

5- Bien tout mélanger à feu vif en décollant les sucs au fond de la cocotte avec une spatule en bois, si vin rouge ajouté, laisser bouillir à feu vif et à découvert pendant 10 minutes, car ainsi l'alcool s'évaporera du plat et il n'en subsistera que les arômes.

6- Laisser cuire à feu doux pendant au moins deux heures, voire trois heures et toujours à couvert. Possibilité de mettre de l'eau dans la rigole du couvercle, ce qui accentuera le cycle d'arrosage de cuisson au sein de la cocotte. A noter que plus la cuisson est longue (proche des 3 heures et plus), et plus la viande sera tendre. De temps en temps, venir contrôler que la viande ne colle pas dans le fond de la cocotte.

7- Possibilité en fin de cuisson de réduire la sauce de braisage obtenue : à feu moyen, couvercle retiré, laisser cuire en remuant sans cesse : l'eau de constitution s'évapore et le liquide de mouillement se concentre ainsi en arômes.

> ***Les ragoûts*** : il s'agit de cuire des viandes ou des poissons dans des roux à base de farine de blé, de fécule de pommes de terre, de Maïzena... Ce plat est riche en graisses cuites et il est peu digeste. Ce mode de cuisson ne vous est ni conseillé, ni déconseillé : à utiliser avec parcimonie.

Comment équilibrer vos menus ?

C'est très simple. Un déjeuner et un dîner équilibrés doivent toujours apporter obligatoirement :

- Un féculent. Il s'agit d'un plat qui apporte du riz, des céréales (blé, orge, seigle, etc. telles des pâtes, de la semoule...), des légumes secs (soisson, flageolet, haricot blanc, coco, etc.), ou des pommes de terre. En général, il est tout à fait possible d'éviter de consommer des féculents au cours du dîner.

- Un apport en viande, poisson ou œufs (VPO). Il est cependant tout à fait possible de n'en consommer qu'à un seul repas quotidien...

- Un apport en légumes verts et en fruits.

- Un apport en produit laitier d'origine animal ou végétal.

- Un apport très modéré en matières grasses de très bonne qualité : huile d'olive extra vierge par exemple.

Pour vous accompagner dans l'équilibre quotidien de vos menus, je vous proposerai ce petit paragraphe en entête de chaque recette :

Dominance nutritionnelle du plat

Féculent ☐   Laitier ☐   VPO ☐
Légume vert ☐   Fruit ☐
* VPO : viande, poisson ou œufs.

Le but étant d'être mieux guidé(e) dans l'accompagnement de votre plat au sein de vos menus, et ce afin d'assurer votre équilibre alimentaire.

Par exemple, s'il s'agit d'une recette de riz au lait écrémé, et bien la case « Laitier » et « Féculent » seront cochées car la dominance de votre plat est à la fois à base de lait (produit laitier) et à la fois à base de riz (féculent), et donc dans votre repas ou ce dessert sera dressé, il n'y aura plus besoin de consommer un autre produit laitier ni un autre féculent pour assurer votre équilibre nutritionnel au sein du repas concerné.

NB : dans chaque recette proposée, les aliments écrits en **gras** jouent un rôle plus ou moins important dans le traitement de vos diverticules coliques.

Vous souhaitez en savoir plus sur la diététique des diverticules coliques ?

Voici mes autres ouvrages édités à ce sujet :

Quelle alimentation pour les diverticules coliques ?

Recettes et menus pour les diverticules coliques.

Menus de printemps pour les diverticules coliques.

Menus d'été pour les diverticules coliques.

Menus d'automne pour les diverticules coliques.

Menus d'hiver pour les diverticules coliques.

Dictionnaire alimentaire des diverticules coliques.

*Mon carnet diététique :
Les diverticules coliques et moi...*

Le B.a.-ba de la diététique : Les diverticules coliques.

Dictionnaire des modes de cuissons et de conservation des aliments pour les diverticules coliques.

J'élabore mon planning de menus pour mes diverticules coliques.

Mon livre de recettes pour les diverticules coliques.

Mes recettes faciles pour les diverticules coliques vol.2

Mes recettes faciles pour les diverticules coliques vol.3

Mes recettes faciles pour les diverticules coliques vol.4

Mes recettes faciles pour les diverticules coliques vol.5

Visitez également mon site Internet :
www.cedricmenardnutritionniste.com
Je vous y propose, entre autre, des consultations diététiques en ligne par visioconsultation…

 Œufs farcis

 Temps de préparation à prévoir : 25 minutes

 Temps de cuisson : 40 minutes    **Th 9**

 Dominance nutritionnelle du plat

| Féculent ☐ | Laitier ☐ | VPO ☑ |
| Légume vert ☐ | Fruit ☐ | |

Ingrédients : 6 œufs, 150g de **champignons de Paris** crus, 150g de jambon blanc **dégraissé sans couenne**, 75ml de lait **écrémé**, 25g de **farine de lentilles** (ou de farine de blé **complet**), 2 cuillères à soupe de **son d'avoine**, **persil**, chapelure **complète**, jus de citron, sel, poivre.

Remarque : les **champignons de Paris** sont riches en fibres alimentaires végétales. Le **son d'avoine** est également très riche en fibres alimentaires, mais ne pas en abuser sous peine du colon irritable.

Mise en œuvre culinaire : mettre les œufs à cuire dans une casserole remplie d'eau jusqu'à l'obtention d'œufs durs. Nettoyer les **champignons de Paris**. Les découper et les mettre à cuire dans une poêle **antiadhésive** pendant 10 minutes, dans un peu d'eau et du jus de citron, puis les égoutter. Faire chauffer le lait **écrémé** mais pas jusqu'à l'ébullition. Hors du feu, incorporer à l'aide du fouet, la **farine de lentilles**. Saler et poivrer. Remettre à chauffer sur feu doux pendant quelques minutes, jusqu'à l'épaississement de **la béchamel diététique** ainsi réalisée. Ecaler les œufs durs, les couper en deux. Préparer une farce avec le jambon blanc **dégraissé sans couenne** et les **champignons** hachés, la moitié des jaunes, le **son d'avoine**, le **persil**, le sel et le poivre. En garnir chaque blanc. Ranger chaque demi-œuf garni dans un plat à four. Saupoudrer de chapelure **complète**. Enfourner 5 à 10 minutes. Bon appétit !

-☼- **Le son d'avoine peut être remplacé par du son de blé, de riz ou de maïs.**

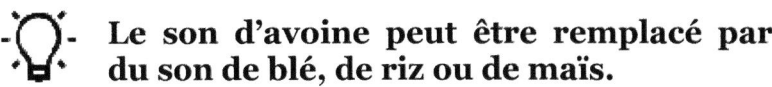

Votre note pour ce plat : /10

Œufs dans tomate

Temps de préparation à prévoir : 10 minutes

Temps de cuisson : 30 minutes Th 5

Dominance nutritionnelle du plat

| Féculent ☐ | Laitier ☐ | VPO ☑ |
| Légume vert ☑ | Fruit ☐ | |

Ingrédients : 6 œufs, 6 belles **tomates**, 100g de thon au naturel, 2 cuillères à soupe de **son de blé**, 1 cuillère à soupe d'huile végétale, 2 gousses d'**ail**, **persil**, sel, poivre.

Remarque : toutes les huiles végétales feront l'affaire, sauf celles qui ne supportent pas la cuisson bien entendu (l'huile d'olive étant la plus conseillée). Le **son de blé** est très riche en fibres alimentaires, mais ne pas en abuser sous peine du colon irritable. L'ail possède de grandes vertus nutritionnelles.

Mise en œuvre culinaire : couper la tête de chaque **tomate**, les vider en ne conservant ni les pépins ni la pulpe. Les déposer sur un plat à four huilé. Hacher l'**ail** et le **persil** et le mélanger au thon égoutté. Ajouter le **son de blé**. Garnir chaque fond de **tomate** au tiers de leur contenu avec la farce obtenue. Casser dans chaque tomate un œuf. Saler et poivrer. Enfourner 30 minutes dans four chaud. Bon appétit !

 Possibilité de remplacer les tomates par des courgettes non pelées ou des aubergines rondes, de petits poivrons, etc. Mais le temps de cuisson sera un peu plus long !

Votre note pour ce plat :   /10

ಜ⚘ Orphie au vin blanc sec ⚘ಬ

Temps de préparation à prévoir : 25 minutes

Temps de cuisson : 35 minutes

Dominance nutritionnelle du plat

Féculent ☐   Laitier ☐   VPO ☑
Légume vert ☐   Fruit ☐

Ingrédients : 1kg d'orphies fraîches, 2 **oignons**, citron, 50ml de vin blanc sec, 25g de **farine de quinoa** (ou 50g de farine de blé **complet**), 2 cuillères à soupe d'huile végétale, 2 cuillères à soupe de **graines de sésame pilées**, 5 gousses d'**ail**, thym, 3 feuilles de laurier, sel, poivre.

Remarque : toutes les huiles végétales feront l'affaire, sauf celles qui ne supportent pas la cuisson bien entendu (l'huile d'olive étant la plus conseillée). L'alcool s'évaporera à la cuisson. Les **graines de sésame** sont riches en vitamines, en fibres et en sels minéraux.

Mise en œuvre culinaire : couper les orphies en tronçons. Dans une cocotte **antiadhésive**, faire dorer les **oignons** découpés en lamelles dans l'huile végétale. Dès que les **oignons** sont bien dorés, ajouter les tronçons d'orphies. Mouiller avec le vin blanc sec et faire bouillir 5 minutes **à découvert**, tout en décollant les sucs du fond de la cocotte à l'aide d'une spatule de bois. Ajouter l'**ail** ciselé finement, le poivre, le thym et le laurier. Laisser cuire à feu doux pendant 30 minutes et à couvert. Lier le jus de cuisson (séparé du poisson qui sera réservé dans un plat à part) avec le sel et la **farine de quinoa** que vous verserez en pluie progressivement, tout en homogénéisant l'ensemble au fouet, afin d'éviter les grumeaux. Laisser chauffer à nouveau 5 minutes à feu doux et à découvert. Napper le poisson de la sauce obtenue. Ajouter les **graines de sésame pilées**. Citronner. Servir chaud. Bon appétit !

 A défaut d'orphies, vous pouvez les remplacer par des anguilles. A servir avec des champignons de Paris aux herbes (voir la recette à la page N°108).

Votre note pour ce plat :   /10

༄❀ .... Suprême de truite .... ❀༄

Temps de préparation à prévoir : 1 heure

Temps de cuisson : 45 minutes puis 1 heure

Dominance nutritionnelle du plat

Féculent ☐ Laitier ☐ VPO ☑
Légume vert ☐ Fruit ☐

Ingrédients : 2 litres d'eau, une belle truite fraîche de 1,5Kg, 1 litre de vin blanc sec, 300g de filet de merlu, 1 carotte, 100g de **champignons de Paris** frais, 1 **oignon**, 2 cuillères à soupe de **graines de chia pilées**, 2 feuilles de gélatine, thym, laurier, **persil**, 5 clous de girofle, jus de citron frais, gros sel, poivre.

Remarque : les **champignons de Paris** et les **graines de chia** sont riches en fibres alimentaires végétales. Ce plat possède l'avantage d'être très pauvre en matières grasses.

Mise en œuvre culinaire : préparer un court bouillon avec l'eau, le vin blanc sec, la carotte, l'**oignon** piqué des clous de girofle, le thym, le laurier, le gros sel et le poivre. Laisser cuire 45 minutes à couvert dès ébullition. Le laisser refroidir. Dans le court bouillon tiède, introduire la truite et remonter doucement la température. Compter environ 10 minutes dès la reprise de l'ébullition, en baissant à feu doux et à découvert. Laisser refroidir le poisson dans le court bouillon avant de le dresser dans un plat. Retirer sa peau. Dans une casserole mettre le filet de merlu, les **champignons de Paris**, le **persil** et le jus de cuisson du poisson. Cuire 45 minutes. Passer au chinois le liquide de cuisson. Intégrer dans ce liquide de cuisson chaud (hors du feu) les feuilles de gélatine préalablement trempées dans l'eau froide pendant environ 5 bonnes minutes. Parsemer la truite des **graines de chia pilées**, puis la napper avec le liquide de cuisson. Dresser la truite accompagnée du filet de merlu cuit. Arroser de jus de citron frais juste avant de servir. Bon appétit !

Votre note pour ce plat :   /10

Délice de saumon

Temps de préparation à prévoir : 30 minutes

Temps de cuisson : 1 heure   Th 6

Dominance nutritionnelle du plat

Féculent ☐   Laitier ☐   VPO ☑
Légume vert ☐   Fruit ☐

Ingrédients : 1,5 litre d'eau, 500g de saumon frais, 250g de mie de pain **complet**, 200g de praires cuites, 200ml de lait **écrémé**, 3 œufs, 1 carotte, 60ml de **crème d'avoine**, 1 **oignon**, 2 cuillères à soupe de **son de maïs**, 1 cuillère à soupe d'huile végétale, 5 clous de girofle, thym, laurier, **persil**, sel, poivre.

Remarque : toutes les huiles végétales feront l'affaire, sauf celles qui ne supportent pas la cuisson bien entendu (l'huile d'olive étant la plus conseillée). La **crème d'avoine** est source de fibres alimentaires. Le **son de maïs** est préconisé car il stimule le transit intestinal.

Mise en œuvre culinaire : préparer un court bouillon avec l'eau, la carotte, l'**oignon** piqué des clous de girofle, le thym, le laurier, le gros sel et le poivre. Laisser cuire 45 minutes à couvert dès l'ébullition. Le laisser refroidir. Dans le court bouillon tiède, introduire le saumon et remonter doucement la température. Compter environ 15 à 20 minutes dès la reprise de l'ébullition, en baissant ensuite à feu doux. Eplucher le poisson cuit, retirer les arêtes, l'écraser et le travailler avec la mie de pain **complet** trempée au préalable dans le lait **écrémé**. Ajouter les jaunes d'œufs, le sel, le poivre et le **persil** haché. Tout mélanger. Battre les blancs d'œufs en neige ferme. Les incorporer délicatement à la spatule de bois au mélange de poisson. Verser dans un moule huilé. Enfourner au bain-marie pendant 1 heure. Démouler et servir avec la **crème d'avoine** enrichie de praires. Saupoudrer le plat de **son de maïs**. Bon appétit.

 La crème d'avoine peut être remplacée par de la crème fraîche allégée à 5% de matières grasses. A défaut de praires, utilisez des coques, palourdes, moules...

Votre note pour ce plat : /10

ʊ❀ ....Bars sauce tomate........ ❀ɞ

Temps de préparation à prévoir : 20 minutes

Temps de cuisson : 30 minutes

Dominance nutritionnelle du plat

Féculent ☐   Laitier ☐   VPO ☑
Légume vert ☐   Fruit ☐

Ingrédients : 6 bars frais de moyen calibre, 4 belles **tomates**, 100ml de vin blanc sec, 2 **oignons**, citron, 2 cuillères à soupe d'huile végétale, 2 cuillères à soupe de **son de riz**, 2 cuillères à soupe de **graines de betterave pilées**, 1 **piment de Cayenne**, 4 gousses d'**ail**, **persil**, câpres, sel, poivre.

Remarque : toutes les huiles végétales feront l'affaire, sauf celles qui ne supportent pas la cuisson bien entendu (l'huile d'olive étant la plus conseillée). Le **piment** joue un rôle laxatif intéressant. Les **graines de betterave** sont riches en vitamines, en fibres et en sels minéraux.

Mise en œuvre culinaire : dans une cocotte **antiadhésive**, faire rissoler les **oignons** découpés en dés et l'**ail** finement ciselé dans l'huile végétale chaude. Ajouter le **persil** haché. Dès que les **oignons** sont bien dorés, intégrer les bars coupés en gros morceaux. Laver et épépiner les **tomates**. Les ajouter au plat, ainsi que le **piment** (épépiné également), les câpres, le sel, le poivre et le vin blanc sec. Laisser bouillir 5 minutes **à découvert**. Recouvrir et laisser mijoter 25 minutes à feu doux. Au moment de dresser, saupoudrer de **son de riz et des graines de betterave pilées**. Citronner. Bon appétit !

 A défaut de bars, vous pouvez les remplacer par un autre poisson de votre choix. Les tomates « Roma » sont très indiquées pour ce plat.

Votre note pour ce plat : /10

Rougets en marinade

Temps de préparation à prévoir : 20 minutes

Temps de cuisson : 40 minutes Th 7

Dominance nutritionnelle du plat

Féculent ☐   Laitier ☐   VPO ☑
Légume vert ☐   Fruit ☐

Ingrédients : 6 rougets frais, 200ml de vin blanc sec, 1 carotte, 100ml de vinaigre blanc, 2 citrons, 1 **oignon**, 2 cuillères à soupe d'huile végétale, 2 cuillères à soupe de **son de blé**, 1 cuillère à soupe de **graines de coriandre pilées**, **persil**, **coriandre**, thym, laurier, sel, poivre.

Remarque : toutes les huiles végétales feront l'affaire, sauf celles qui ne supportent pas la cuisson bien entendu (l'huile d'olive étant la plus conseillée). L'alcool s'évapore à la cuisson à découvert. Les **graines de coriandre** sont riches en vitamines, en fibres...

Mise en œuvre culinaire : dans une casserole, ajouter le vin blanc sec, le vinaigre, l'**oignon** et la carotte découpés en rondelles, l'huile végétale, le **persil** et la **coriandre** hachés, le thym, le laurier, le sel et le poivre. Faire bouillir **à découvert** pendant 10 minutes. Dans un plat à four huilé, déposer les rougets. Les recouvrir de la marinade. Déposer sur les poissons plusieurs rondelles de citron. Saupoudrer des **graines de coriandre pilées**. Recouvrir de papier aluminium et enfourner 40 minutes à four chaud. Arroser de jus de citron frais et saupoudrer de **son de blé** juste avant de servir. Bon appétit !

 A défaut de rougets, vous pouvez les remplacer par des harengs, sardines, perches, etc. A consommer avec un riz rouge cuit en pilaf.

Votre note pour ce plat :   /10

ଛ❀ *Congre sauce provençale* ❀ଓ

⏱ ***Temps de préparation à prévoir : 20 minutes***

⏱ ***Temps de cuisson : 30 minutes***

🍽 ***Dominance nutritionnelle du plat***

Féculent ☐   Laitier ☐   VPO ☑
Légume vert ☑   Fruit ☐

Ingrédients : 4 belles darnes de congre, 4 belles **tomates**, 150g d'**olives** dénoyautées, 1 gros **oignon**, 2 cuillères à soupe d'huile végétale, 2 cuillères à soupe de **graines de pavot pilées**, 2 cuillères à soupe de **son d'avoine**, 3 gousses d'**ail**, **persil**, thym, feuilles de laurier, clous de girofle, jus de citron frais, sel, poivre.

Remarque : toutes les huiles végétales feront l'affaire, sauf celles qui ne supportent pas la cuisson bien entendu (l'huile d'olive étant la plus conseillée). Les **graines de pavot** sont riches en vitamines, sels minéraux et fibres. Le **son d'avoine** stimule le transit intestinal.

Mise en œuvre culinaire : faire pocher dans de l'eau salée accompagnée du thym, du laurier et des clous de girofles, les darnes de congre. Ne pas faire bouillir, cuire à couvert en faisant monter doucement la température. Les égoutter une fois cuites. Ne pas conserver les clous de girofle. Dans une cocotte **antiadhésive**, faire rissoler l'**oignon** découpé en rondelles avec l'**ail** finement ciselé dans l'huile végétale. Dès que l'**oignon** est bien doré, ajouter les **tomates** épépinées et découpées en morceaux. Saler et poivrer. A la cuisson des **tomates**, déposer délicatement les darnes de congre sur le lit de **tomates** obtenu, ainsi que les **olives** et le **persil** hachés. Laisser mijoter 10 minutes à couvert et à feu moyen. Arroser de jus de citron frais et saupoudrez le plat de **son d'avoine** et de **graines de pavot pilées** juste avant de servir. Bon appétit !

A défaut de congre, vous pouvez le remplacer par du saumon ou du cabillaud par exemple. Les tomates « Roma » sont très indiquées pour ce plat, ainsi que les câpres...

Votre note pour ce plat :   /10

෴ ❁ ....*Sole meunière*............ ❁ ෴

Temps de préparation à prévoir : 10 minutes

Temps de cuisson : 10 minutes

Dominance nutritionnelle du plat

Féculent ☐ Laitier ☐ VPO ☑
Légume vert ☐ Fruit ☐

Ingrédients : 6 soles, 100ml de lait **écrémé**, 100ml de **crème d'avoine**, 75g de **farine de fonio** (ou de farine de blé **complet**), 1 œuf, 2 cuillères à soupe d'huile végétale, 2 cuillères à soupe de **son de blé**, 1 cuillère à soupe de **graines de sésame pilées**, **persil**, citron, **ciboulette, piment** en poudre, sel, poivre.

Remarque : toutes les huiles végétales feront l'affaire, sauf celles qui ne supportent pas la cuisson bien entendu (l'huile d'olive étant la plus conseillée). Les **graines de sésame** sont riches en vitamines, sels minéraux et fibres.

Mise en œuvre culinaire : battre l'œuf avec le lait **écrémé**. Saler, poivrer, et y tremper les soles. Puis les tremper à nouveau dans la **farine de fonio** mélangée au **son de blé**. Les cuire dans une poêle **antiadhésive** dans l'huile végétale bien chaude. Laisser dorer 5 minutes de chaque côté. Egoutter dans du papier essuie-tout. Citronner. Servir les soles nappées de la **crème d'avoine** enrichie de la **ciboulette** finement ciselée, des **graines de sésame pilées** et du **piment** en poudre. **Persiller** juste avant de servir. Bon appétit !

A défaut de soles, vous pouvez les remplacer par des darnes de congre, ou par du filet de saumon ou de truite par exemple. A servir avec un gratin d'aubergine (voir la recette à la page N°104).

Votre note pour ce plat : /10

ೞ❀ Parmentier de saumon ❀ೲ

Temps de préparation à prévoir : 20 minutes

Temps de cuisson : 30 minutes   Th 7

Dominance nutritionnelle du plat

Féculent ☐   Laitier ☐   VPO ☑
Légume vert ☐   Fruit ☐

Ingrédients : 1 kg de pommes de terre, 500g de saumon frais, 250ml de **lait d'avoine** nature, 250ml de **crème d'avoine**, 3 cuillères à soupe d'huile végétale, 20g de **farine de lupin** (ou 20g de farine de blé complet), 3 cuillères à soupe de **graines de courge**, 2 cuillères à soupe de **son de maïs**, chapelure **complète**, **persil**, clous de girofle, sel, poivre.

Remarque : Le **son de maïs** est très riche en fibres alimentaires, mais ne pas en abuser sous peine du colon irritable. Les **graines de courge** sont riches en vitamines, en fibres et en sels minéraux.

Mise en œuvre culinaire : faire pocher dans de l'eau salée (au gros sel) accompagnée des clous de girofle, le saumon. Ne pas faire bouillir, cuire à couvert en faisant monter doucement la température. Faire chauffer le **lait d'avoine** salé et poivré. Dans une cocotte **antiadhésive**, faire chauffer l'huile végétale. Incorporer la **farine de lupin** au fouet, en la versant en pluie sur feu doux, jusqu'à l'obtention d'un mélange homogène. Sur feu doux, ajouter le **lait d'avoine** chaud, en remuant sans cesse à l'aide du fouet pendant quelques minutes : on obtient une béchamel. L'enrichir avec la moitié de la **crème d'avoine**, le saumon cuit et épluché, le sel et le poivre. Confectionner une purée avec les pommes de terre enrichie de la **crème d'avoine** restante et du **persil** haché. Remplir un plat à four de la purée. La recouvrir du saumon à la béchamel. Saupoudrer de chapelure **complète,** de **son de maïs** et des **graines de courge**. Enfourner 30 minutes. Bon appétit !

> Le son de maïs peut être remplacé par du son de blé, d'avoine ou de riz.

Votre note pour ce plat :   /10

෩ ❀ .... *Sardines au four* .... ❀ ೞ

Temps de préparation à prévoir : 10 minutes

Temps de cuisson : 20 minutes   Th 6

Dominance nutritionnelle du plat

Féculent ☐   Laitier ☐   VPO ☑
Légume vert ☐   Fruit ☐

Ingrédients : 25 sardines fraîches, 50g de chapelure **complète**, citron, 2 cuillères à soupe d'huile végétale, 2 cuillères à soupe de **son de blé**, 1 cuillère à soupe de **graines de betterave pilées**, **persil**, ciboulette, estragon, **ail** semoule, sel, poivre.

Remarque : toutes les huiles végétales feront l'affaire, sauf celles qui ne supportent pas la cuisson bien entendu (l'huile d'olive étant la plus conseillée). Le **son de blé** est très riche en fibres alimentaires, mais ne pas en abuser sous peine du colon irritable. Les **graines de betterave** sont riches en vitamines, en fibres…

Mise en œuvre culinaire : disposer les sardines dans un plat à four. Les recouvrir d'huile végétale, des **herbes finement hachées**, de l'**ail** semoule, de la chapelure **complète** et des **graines de betterave pilées**. Saler et poivrer. Enfourner 20 minutes à four chaud. Après cuisson, parsemer de **son de blé**. Citronner et **persiller**. Bon appétit !

-☼- A servir avec une purée de céleri-rave (voir la recette à la page N°106).

Votre note pour ce plat : /10

༄ ❀ .... *Coquille de poisson* .... ❀ ༅

Temps de préparation à prévoir : 30 minutes

Temps de cuisson : 40 minutes   Th 7

Dominance nutritionnelle du plat

Féculent ☐   Laitier ☐   VPO ☑
Légume vert ☐   Fruit ☐

Ingrédients : 6 coquilles saint Jacques vides, 300g de filet de lieu, 200ml de lait **écrémé**, 100ml de vin blanc sec, 100g de palourdes décortiquées, 100g de mie de pain **complet**, 100g de **champignons de Paris**, 1 **oignon**, 2 cuillères à soupe d'huile végétale, 1 cuillère à soupe de **son de blé**, 1 cuillère à soupe de **graines de lin pilées**, chapelure **complète**, 3 gousses d'**ail**, **persil**, laurier, thym, 5 clous de girofle, sel, poivre.

Remarque : toutes les huiles végétales feront l'affaire, sauf celles qui ne supportent pas la cuisson bien entendu (l'huile d'olive étant la plus conseillée).

Mise en œuvre culinaire : faire pocher le filet de lieu dans de l'eau salée, accompagné du thym, du laurier et des clous de girofles. Ne pas faire bouillir, cuire à couvert en faisant monter doucement la température. Une fois cuit, égoutter le poisson et l'émietter. Dans une cocotte **antiadhésive**, faire rissoler l'**oignon** et l'**ail** finement hachés dans l'huile végétale. Ajouter **les champignons de Paris** découpés en morceaux. Laisser cuire 10 minutes. Faire tremper la mie de pain **complet** dans le lait **écrémé** chaud (non bouilli). Ajouter la mie de pain **complet** essorée, le vin blanc sec, les **graines de lin pilées**, le sel et le poivre. Laisser à nouveau mijoter 10 minutes **à découvert**. Garnir chaque coquille du filet de lieu émietté et des palourdes, suivi de la préparation cuisinée. **Persiller** et saupoudrer de chapelure **complète** et de **son de blé**. Enfourner à four chaud 10 minutes. Bon appétit !

A défaut de palourdes, remplacez-les par des bigorneaux, praires ou coques. On peut très avantageusement enrichir le plat d'amandes grillées avant de servir.

Votre note pour ce plat : /10

Moules à la marinière

Temps de préparation à prévoir : 20 minutes

Temps de cuisson : 10 minutes

Dominance nutritionnelle du plat

| Féculent ☐ | Laitier ☐ | VPO ☑ |
| Légume vert ☐ | Fruit ☐ | |

Ingrédients : 3 litres de moules fraîches, 200ml de vin blanc sec, 1 carotte, 2 **oignons**, citron, 3 **échalotes**, 2 cuillères à soupe de **son d'avoine**, 1 cuillère à soupe d'huile végétale, 3 gousses d'**ail**, **persil**, thym, laurier, sel, poivre.

Remarque : toutes les huiles végétales feront l'affaire, sauf celles qui ne supportent pas la cuisson bien entendu (l'huile d'olive étant la plus conseillée). Le **son d'avoine** est très riche en fibres alimentaires, mais ne pas en abuser sous peine du colon irritable. L'alcool s'évaporera à la cuisson.

Mise en œuvre culinaire : attention à ce que les moules soient bien fermées. Les jeter dans une casserole avec du **persil**, la carotte découpée en rondelles et un **oignon** haché, le thym et le laurier. Saler et poivrer. Faire sauter de temps en temps. Quand les moules sont ouvertes, c'est qu'elles sont cuites. Reprendre l'eau de cuisson et ajouter le vin blanc sec, l'huile végétale, le **persil**, l'**échalote**, l'**ail** et l'autre **oignon** hachés. Faire sauter 5 minutes **à découvert**. Citronner et parsemer le tout de **son d'avoine** juste avant de les consommer. Bon appétit !

Le son d'avoine peut être remplacé par du son de blé, de maïs ou de riz.

Votre note pour ce plat : /10

ꙮ✿ Noix de saint J. sautées ✿ꙮ

Temps de préparation à prévoir : 10 minutes

Temps de cuisson : 5 minutes

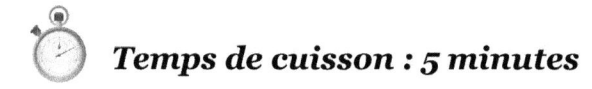

Dominance nutritionnelle du plat

Féculent ☐   Laitier ☐   VPO ☑
Légume vert ☐   Fruit ☐

Ingrédients : 30 noix de saint Jacques fraîches, 6 belles **échalotes**, 1 cuillère à soupe d'huile végétale, 1 cuillère à soupe de **son de maïs**, 1 cuillère à soupe de **graines de coriandre pilées**, 3 gousses d'**ail**, **persil**, ciboule, jus de citron, sel, poivre.

Remarque : toutes les huiles végétales feront l'affaire, sauf celles qui ne supportent pas la cuisson bien entendu (l'huile d'olive étant la plus conseillée). Le **son de maïs** est très riche en fibres alimentaires, mais ne pas en abuser sous peine du colon irritable. Les **graines de coriandre** sont riches en vitamines, en fibres…

Mise en œuvre culinaire : faire sauter dans une poêle **antiadhésive** et dans l'huile végétale, les **échalotes**, le **persil** et l'**ail** finement hachés. Faire revenir les noix de saint Jacques 2 minutes de chaque côté. Les dresser dans un plat, et les accompagner de ciboule finement ciselée. Saler et poivrer. Parsemer le plat de **son de maïs** et des **graines de coriandre pilées**. **Persiller** et citronner. Bon appétit !

-💡- **A servir avec un gratin de chou romanesco (voir la recette à la page 118).**

Votre note pour ce plat : /10

Dinde braisée

Temps de préparation à prévoir : *50 minutes*

Temps de cuisson : *2 heures 30 minutes*

Dominance nutritionnelle du plat

Féculent ☐ Laitier ☐ VPO ☑
Légume vert ☐ Fruit ☐

Ingrédients : une dinde de 3,5 Kg environ, 2 carottes, 250ml de vin blanc sec, 100g de lardons, 100g de **champignons de Paris**, 2 **oignons**, 2 cuillères à soupe d'huile végétale, 5 gousses d'**ail**, 1 cube de bouillon de légumes déshydraté et **dégraissé**, **persil**, thym, laurier, sel, poivre, cumin.

Remarque : toutes les huiles végétales feront l'affaire, sauf celles qui ne supportent pas la cuisson bien entendu (l'huile d'olive étant la plus conseillée). L'ail possède de grandes vertus nutritionnelles. L'alcool s'évaporera à la cuisson.

Mise en œuvre culinaire : dans une grande cocotte **antiadhésive**, faire rissoler la dinde de chaque face jusqu'à dorure dans l'huile végétale. Réserver la dinde dans un plat. **Eliminer la peau**. Dans la cocotte, faire rissoler les **oignons** découpés en rondelles et l'**ail** finement haché. Dans une poêle bien chaude, jeter les lardons et **les faire fondre**, puis **les égoutter**. Diluer le cube de bouillon de légumes déshydraté et **dégraissé** dans 500ml d'eau. Verser le bouillon obtenu dans la cocotte à feu fort. Ajouter les carottes découpées en rondelles ainsi que le vin blanc sec, les lardons **dégraissés**, le thym, le laurier, le sel, le poivre et le cumin. Laisser bouillir pendant 5 minutes à découvert tout en décollant les sucs du fond de la cocotte avec une spatule de bois. Ajouter la dinde. Laisser mijoter à feu doux et à couvert pendant 2 heures 30 minutes. 30 minutes avant la fin de la cuisson, ajouter les **champignons**. **Persiller**. Bon appétit !

Possibilité de découper la dinde en morceaux dès le départ, ainsi le temps de cuisson sera réduit : comptez 2 heures.

Votre note pour ce plat :   /10

Pintade aux choux de B.

Temps de préparation à prévoir : 30 minutes

Temps de cuisson : 1 heure 30 minutes

Dominance nutritionnelle du plat

Féculent ☐   Laitier ☐   VPO ☑
Légume vert ☑   Fruit ☐

Ingrédients : 1,5 Kg de **choux de Bruxelles** surgelés, une pintade, 2 carottes, 200g de dés de jambon **maigre**, 200ml de vin blanc sec, 200ml de **concentré de tomate**, 2 **oignons**, 2 cuillères à soupe d'huile végétale, 2 cuillères à soupe de **son de maïs**, 2 cuillères à soupe de **graines de sésame pilées**, 3 gousses d'**ail**, **persil**, thym, laurier, sel, poivre.

Remarque : toutes les huiles végétales feront l'affaire, sauf celles qui ne supportent pas la cuisson bien entendu (l'huile d'olive étant la plus conseillée). Les **graines de sésame** sont riches en vitamines, en fibres…

Mise en œuvre culinaire : dans une cocotte **antiadhésive**, faire rissoler les **oignons** et les carottes découpés en rondelles, les dés de jambon **maigre** et l'**ail** finement haché dans l'huile végétale. Déposer la pintade et les **choux de Bruxelles** décongelés sur le fond de la cocotte, accompagnés du thym, du laurier, du sel et du poivre. Laisser cuire à couvert pendant 20 minutes. Mouiller avec le vin blanc sec. Laisser bouillir **à découvert** pendant 10 minutes, tout en décollant les sucs avec une cuillère en bois. Ajouter le **concentré de tomate**, le **persil** haché et **les graines de sésame pilées**. Le liquide de mouillement doit recouvrir tous les **choux** (sinon ajouter de l'eau à hauteur). Laisser cuire 1 heure à feu doux. **Persiller** et parsemer de **son de maïs** avant de servir. Bon appétit !

Ce plat sera idéalement accompagné de petites pommes de terre nouvelles avec la pelure à la vapeur.

Votre note pour ce plat : /10

Poule au blanc

Temps de préparation à prévoir : 20 minutes

Temps de cuisson : 2 heures

Dominance nutritionnelle du plat

Féculent ☐   Laitier ☐   VPO ☑
Légume vert ☐ Fruit ☐

Ingrédients : une poule, 2 carottes, 100ml de vin blanc sec, 1 **oignon**, 40g de **farine de lentille** (ou de farine de blé **complet**), 4 cuillères à soupe d'huile végétale, 2 cuillères à soupe de **graines de chia pilées**, 2 cuillères à soupe de **son d'avoine**, **persil**, 6 clous de girofle, thym, laurier, romarin, jus de citron, gros sel, poivre en grains.

Remarque : toutes les huiles végétales feront l'affaire, sauf celles qui ne supportent pas la cuisson bien entendu (l'huile d'olive étant la plus conseillée). Les **graines de chia** sont riches en vitamines, en fibres…

Mise en œuvre culinaire : préparer un court bouillon avec 1,5 litre d'eau, le vin blanc sec, l'oignon piqué de 6 clous de girofle, les carottes découpées en rondelles, le **persil**, le thym, le laurier, le romarin, le gros sel et le poivre en grains. Laisser cuire 1 heure à couvert dès ébullition. Laisser refroidir. Plonger la poule dans le court bouillon tiède, et la faire cuire à couvert pendant 2 heures. Passer l'eau de cuisson au chinois. Dans une casserole, faire chauffer l'huile végétale. Au fouet, incorporer la **farine de lentille** à l'huile végétale chaude sur feu doux. Laisser cuire le mélange devenu homogène pendant 1 à 2 minutes. Mouiller avec le court bouillon. Quand la sauce est épaissie, ajouter le jus de citron, les **graines de chia pilées** et le **son d'avoine**. **Persiller**. Servir la poule nappée de la sauce obtenue. Bon appétit !

Il est possible de confectionner la sauce uniquement avec le bouillon et la farine de lentille, la sauce obtenue sera ainsi beaucoup moins calorique...

Votre note pour ce plat : /10

Tarte épinard et poulet

Temps de préparation à prévoir : 1 heure

Temps de cuisson : 40 minutes Th 7

Dominance nutritionnelle du plat

| Féculent ☐ | Laitier ☐ | VPO ☑ |
| Légume vert ☑ | Fruit ☐ | |

Ingrédients : 1 kg d'**épinards** hachés surgelés, 500g de blanc de poulet, 1 pâte feuilletée (si possible allégée en matières grasses), 2 **belles tomates** fraîches, 2 **oignons**, 100ml de **crème d'avoine**, 1 œuf, 2 cuillères à soupe d'huile végétale, 2 cuillères à soupe de **graines de lin pilées**, 2 cuillères à soupe de **son de blé**, **persil**, sel, poivre.

Remarque : toutes les huiles végétales feront l'affaire, sauf celles qui ne supportent pas la cuisson bien entendu (l'huile d'olive étant la plus conseillée). Les **graines de lin** sont riches en vitamines, en fibres, en sel minéraux…

Mise en œuvre culinaire : étaler la pâte feuilletée dans le moule et en piquer le fond à la fourchette. Dans une poêle, cuire les **épinards** dans une cuillère à soupe d'huile végétale. Bien les réduire (cela peut demander jusqu'à 1 heure de cuisson à découvert et à feu moyen). Emincer les **oignons**, et les faire dorer dans une poêle **antiadhésive** avec une cuillère à soupe d'huile végétale. Ajouter le blanc de poulet découpé en dés et les faire dorer avec les **oignons**. Mélanger le poulet aux **épinards**. Quand le mélange a bien tiédi, lier le tout avec l'œuf entier. Ajouter la **crème d'avoine**, le **persil** haché, les **graines de lin pilées**, le **son de blé**, le sel et le poivre. Remplir le fond de tarte. Laver et découper les **tomates** en rondelles. Eliminer les pépins et la pulpe, et les disposer sur la tarte. Enfourner à four chaud pendant 40 minutes. Bon appétit !

> Possibilité de saupoudrer de la chapelure complète avant d'enfourner.

Votre note pour ce plat : /10

༻❀ Poulet aux petits pois ❀༺

 Temps de préparation à prévoir : 50 minutes

 Temps de cuisson : 1 heure 30 minutes

 Dominance nutritionnelle du plat

Féculent ☐ Laitier ☐ VPO ☑
Légume vert ☑ Fruit ☐

Ingrédients : 1 poulet, 500g de **petits pois** surgelés, 1 grosse boîte de conserve de **tomates** au naturel, 350ml de vin blanc sec, 2 carottes, 200ml de **crème d'avoine**, 100g de lardons, 2 **oignons**, 100g de **champignons de Paris**, 2 cuillères à soupe d'huile végétale, 2 cuillères à soupe de **graines de betterave pilées**, 2 cuillères à soupe de **son de blé**, 3 gousses d'**ail**, thym, laurier, **persil**, sel, poivre.

Remarque : les **petits pois** sont très riches en fibres alimentaires végétales. Les **graines de betterave** sont riches en vitamines, en fibres…

Mise en œuvre culinaire : dans une cocotte **antiadhésive**, faire rissoler le poulet découpé en morceaux dans l'huile végétale. Réserver ensuite les morceaux dans un plat. **Eliminer la peau**. Dans la cocotte, faire rissoler les **oignons** découpés en rondelles et l'**ail** finement haché. Dans une poêle bien chaude, jeter les lardons et **les faire fondre**, puis **les égoutter**. Les jeter dans la cocotte, accompagnés des carottes découpées en rondelles, des tomates, du vin blanc, du thym, du laurier, du sel et du poivre. Laisser bouillir pendant 10 minutes **à découvert** en décollant les sucs du fond de la cocotte avec une spatule de bois. Ajouter les morceaux de poulet dorés. Laisser mijoter à feu doux et à couvert pendant 1 heure. Ajouter les **petits pois** décongelés. Laisser à nouveau mijoter pendant 40 minutes dès l'ébullition. Faire chauffer dans une casserole les **champignons de Paris** découpés pour les faire suer. Ajouter la **crème d'avoine**, le **persil** haché, les **graines de betterave pilées**, le **son de blé**, le sel et le poivre. Servir le poulet nappé de la sauce. Bon appétit !

Votre note pour ce plat : /10

Galette de bœuf haché

Temps de préparation à prévoir : 30 minutes

Temps de cuisson : 10 minutes

Dominance nutritionnelle du plat

Féculent ☐   Laitier ☐   VPO ☑
Légume vert ☐   Fruit ☐

Ingrédients : 400g de viande de bœuf hachée **à 5% de matières grasses**, 2 œufs, 1 gros **oignon**, 60g de pain de mie **complet**, 2 cuillères à soupe d'huile végétale, 2 cuillères à soupe de **son de blé**, 1 cuillère à soupe de **graines de sésame pilées**, lait **écrémé**, 3 gousses d'**ail**, **persil**, **piment** moulu, sel, poivre.

Remarque : toutes les huiles végétales feront l'affaire, sauf celles qui ne supportent pas la cuisson bien entendu (l'huile d'olive étant la plus conseillée). Les **graines de sésame** sont riches en vitamines, sels minéraux et fibres.

Mise en œuvre culinaire : faire rissoler dans une poêle **antiadhésive**, l'**oignon** et l'**ail** hachés dans une cuillère à soupe d'huile végétale. Tremper le pain de mie **complet** avec le lait **écrémé**, et ajouter les œufs entiers, la viande de bœuf hachée **à 5% de matières grasses**, le **son de blé**, les **graines de sésame pilées**, le sel, le poivre, le **piment** moulu et le **persil** haché. Tout mélanger. Façonner quelques galettes. Les cuire dans la poêle **antiadhésive** avec la cuillère à soupe d'huile végétale restante. Bon appétit !

Vous pouvez dresser ces galettes de viande avec un coulis de tomates et poivrons (voir la recette à la page N°100).

Votre note pour ce plat : /10

༄❀......*Filet mignon au soja*......❀༄

Temps de préparation à prévoir : 30 minutes

Temps de cuisson : 40 minutes

Dominance nutritionnelle du plat

Féculent ☐ Laitier ☐ VPO ☑
Légume vert ☑ Fruit ☐

Ingrédients : 800g de filet mignon de porc, 300g de **pousses de soja**, 1 **poivron**, 80g de **gingembre** frais, 50ml de vin rouge, 2 cuillères à soupe d'huile végétale, 2 cuillères à soupe de **graines de chia pilées**, 1 cuillère à soupe de vinaigre de Xérès, 1 cuillère à soupe de sauce soja, 1 cube de bouillon de légumes déshydraté et **dégraissé**, **persil**, sel, poivre.

Remarque : toutes les huiles végétales feront l'affaire, sauf celles qui ne supportent pas la cuisson bien entendu (l'huile d'olive étant la plus conseillée). Les **graines de chia** sont riches en vitamines, en fibres...

Mise en œuvre culinaire : cuire dans de l'eau bouillante salée les **pousses de soja** pendant 5 minutes. Les égoutter. Eplucher le **gingembre** et le découper en julienne. Laver, épépiner et couper en lamelles le **poivron**. Cuire les filets mignons dans une cocotte **antiadhésive** dans l'huile végétale. Mettre la viande cuite en réserve. Déglacer la cocotte avec le vin rouge, le cube de bouillon déshydraté et **dégraissé** dissout dans 100ml d'eau chaude, le vinaigre, la sauce de soja, le sel et le poivre. Laisser bouillir **à découvert** pendant 10 minutes, tout en décollant les sucs avec une cuillère en bois. Ajouter les lamelles de poivron, la julienne de **gingembre** et les **pousses de soja**. Laisser mijoter à feu doux et à couvert pendant 15 minutes. Découper les filets mignons en fines lamelles et les recouvrir de la garniture. Parsemer le tout des **graines de chia pilées. Persiller.** Bon appétit !

> **A défaut de pousses de soja, vous pouvez les remplacer par des haricots de soja frais (edamames), mais la cuisson de ces derniers sera plus longue.**

Votre note pour ce plat : /10

Poulet au riz complet

Temps de préparation à prévoir : 15 minutes

Temps de cuisson : 1 heure 15 minutes

Dominance nutritionnelle du plat

Féculent ☑   Laitier ☐   VPO ☑
Légume vert ☐   Fruit ☐

Ingrédients : 800g de blanc de poulet, 250g de **riz complet**, 2 **oignons**, 100g de **champignons de Paris**, 2 cuillères à soupe d'huile végétale, 1 cuillère à soupe de pâte de curry, 2 cubes de bouillon de légumes déshydraté et **dégraissé**, 3 gousses d'**ail**, **persil**, thym, laurier, sel, poivre.

Remarque : toutes les huiles végétales feront l'affaire, sauf celles qui ne supportent pas la cuisson bien entendu (l'huile d'olive étant la plus conseillée). L'**ail** possède de grandes vertus nutritionnelles. Le riz **complet**, au contraire du riz blanc, est riche en fibres.

Mise en œuvre culinaire : faire dorer dans une cocotte **antiadhésive** et dans l'huile végétale, le blanc de poulet découpé en morceaux, ainsi que les **oignons** et l'**ail** hachés. Mouiller avec le bouillon de légumes confectionné avec les cubes de bouillon de légumes déshydraté et **dégraissé** ainsi que la **pâte de curry**, dissous dans 650ml d'eau chaude. Ajouter le **persil**, le thym et le laurier. Saler et poivrer. Laisser cuire à couvert et à feu doux pendant 45 minutes. Rincer le riz **complet** sous le jet d'eau froide. L'ajouter à la viande, ainsi que les **champignons de Paris**. Laisser cuire 30 minutes à couvert et à feu doux. Bon appétit !

Ce plat sera idéalement accompagné de champignons de Paris aux herbes (voir la recette à la page N°108).

Votre note pour ce plat : /10

Pain de viande de veau

Temps de préparation à prévoir : 30 minutes

Temps de cuisson : 40 minutes   Th 6

Dominance nutritionnelle du plat

Féculent ☐   Laitier ☐   VPO ☒
Légume vert ☐   Fruit ☐

Ingrédients : 250g de viande de veau **maigre** cuite, 200ml de lait **écrémé**, 3 œufs, citron, 50g de **farine de teff** (ou de farine de blé **complet**), 5 cuillères à soupe d'huile végétale, 2 cuillères à soupe de **son de maïs**, 2 cuillères à soupe de **graines de sésame pilées**, **persil**, **piment** moulu, sel, poivre.

Remarque : toutes les huiles végétales feront l'affaire, sauf celles qui ne supportent pas la cuisson bien entendu (l'huile d'olive étant la plus conseillée). L'**ail** possède de grandes vertus nutritionnelles. Les **graines de sésame** sont riches en vitamines, en fibres…

Mise en œuvre culinaire : dans une casserole **antiadhésive**, faire chauffer l'huile végétale. Incorporer la **farine de teff** au fouet, en la versant en pluie sur feu doux, jusqu'à l'obtention d'un mélange homogène. Sur feu doux, ajouter le lait **écrémé** chaud, en remuant sans cesse à l'aide du fouet pendant quelques minutes. Saler et poivrer. Laisser cuire jusqu'à épaississement : on obtient une béchamel. Hacher la viande de veau **maigre** cuite. Ajouter le **persil** haché, le **son de maïs**, les **graines de sésame pilées**, le **piment** moulu ainsi que les trois jaunes d'œufs. Tout mélanger avec la béchamel obtenue tiédie. Battre les blancs d'œufs en neige ferme. L'incorporer délicatement à la préparation à l'aide d'une spatule de bois. Tout verser dans un plat à four huilé. Enfourner 40 minutes. Citronner juste avant de servir. Bon appétit !

Il est possible de confectionner la béchamel uniquement avec le lait écrémé et la farine de teff, la sauce obtenue sera ainsi beaucoup moins calorique…

Votre note pour ce plat :   /10

～❀ .... *Veau aux salsifis* .... ❀〜

Temps de préparation à prévoir : 30 minutes

Temps de cuisson : 2 heures

Dominance nutritionnelle du plat

Féculent ☐   Laitier ☐   VPO ☑
Légume vert ☑   Fruit ☐

Ingrédients : 800g de noix de veau, 800g de **salsifis** crus, 300g de **petits pois**, 2 gros **oignons**, 120g de lardons, 2 cuillères à soupe d'huile végétale, 2 cuillères à soupe de **graines de chia pilées**, 2 cubes de bouillon de légumes déshydraté et **dégraissé**, 3 gousses d'**ail**, **persil**, thym, laurier, romarin, sel, poivre.

Remarque : toutes les huiles végétales feront l'affaire, sauf celles qui ne supportent pas la cuisson bien entendu (l'huile d'olive étant la plus conseillée). L'**ail** possède de grandes vertus nutritionnelles. Les **graines de chia** sont riches en vitamines, en fibres, en sel minéraux...

Mise en œuvre culinaire : dans une casserole bien chaude, **faire fondre** les lardons, puis **les égoutter**. Dans une cocotte **antiadhésive**, faire revenir la noix de veau découpée en morceaux dans l'huile végétale. Bien la dorer. La réserver. Dans la cocotte, faire revenir les **oignons** découpés en rondelles et l'**ail** haché. Sur feu fort, mouiller avec le bouillon confectionné avec les deux cubes de bouillon de légumes déshydraté et **dégraissé** dissous dans 500ml d'eau, tout en décollant les sucs de la cocotte avec une spatule en bois. Ajouter les morceaux de noix de veau dorés, les lardons **dégraissés**, le laurier, le thym, le romarin et le **persil**. Saler et poivrer. Laisser mijoter à feu doux pendant 1 heure, à couvert. Ajouter les **salsifis**. 15 minutes plus tard, ajouter les **petits pois** et les **graines de chia pilées**. Laisser cuire à nouveau 45 minutes. Bon appétit !

Si vous aimez la cuisine épicée, n'hésitez pas à introduire, en même temps que les salsifis, un gros piment fort épépiné pour ses vertus stimulatrices du transit intestinal.

Votre note pour ce plat : /10

ঔ❀ Veau à la crème d'avoine❀ଔ

Temps de préparation à prévoir : 10 minutes

Temps de cuisson : 2 heures

Dominance nutritionnelle du plat

Féculent ☐   Laitier ☐   VPO ☑
Légume vert ☐   Fruit ☐

Ingrédients : 800g de viande de veau **maigre**, 200ml de vin blanc sec, 200ml de **crème d'avoine**, 2 gros **oignons**, 30g de farine d'avoine **complète** (ou de farine de blé **complet**), 2 cuillères à soupe d'huile végétale, 2 cuillères à soupe de **graines de chia pilées**, 2 cuillères à soupe de **son d'avoine**, 1 cube de bouillon de légumes déshydraté et **dégraissé**, **persil**, 3 gousses d'**ail**, sel, poivre.

Remarque : toutes les huiles végétales feront l'affaire, sauf celles qui ne supportent pas la cuisson bien entendu (l'huile d'olive étant la plus conseillée).

Mise en œuvre culinaire : faire revenir dans une cocotte **antiadhésive**, et dans l'huile végétale, la viande de veau **maigre** découpée en morceaux, avec les **oignons** et l'**ail** hachés. Bien les dorer. Saupoudrer de farine d'avoine **complète**. Mouiller avec le vin blanc sec et ajouter le cube de bouillon de légumes déshydraté et **dégraissé**. Le dissoudre dans le bouillon. Saler et poivrer. Laisser cuire **à découvert** dès l'ébullition pendant 5 minutes, tout en décollant les sucs à l'aide d'une spatule en bois. Cuire à feu doux pendant 2 heures à couvert. Passer le bouillon de cuisson et le lier à la **crème d'avoine**. Napper la viande de la sauce obtenue. Parsemer le plat de **graines de chia pilées** et de **son d'avoine**. **Persiller**. Bon appétit !

Ce plat sera idéalement accompagné de courgettes sautées (voir la recette à la page N°110).

Votre note pour ce plat : /10

Escalope de porc farcie

Temps de préparation à prévoir : 25 minutes

Temps de cuisson : 35 minutes

Dominance nutritionnelle du plat

Féculent ☐   Laitier ☐   VPO ☑
Légume vert ☐   Fruit ☐

Ingrédients : 6 escalopes de porc **maigres** assez épaisses, 100g de **champignons de Paris**, 100g d'**échalotes**, 2 cuillères à soupe de **son d'avoine**, 1 cuillère à soupe d'huile végétale, pain de mie **complet**, 1 cube de bouillon de légumes déshydraté et **dégraissé**, **persil**, **cives**, sel, poivre.

Remarque : toutes les huiles végétales feront l'affaire, sauf celles qui ne supportent pas la cuisson bien entendu (l'huile d'olive étant la plus conseillée). Le champignon de Paris est riche en fibres. Le **son d'avoine** est préconisé car il stimule le transit intestinal.

Mise en œuvre culinaire : hacher les **champignons de Paris** frais, le **persil** ainsi que les **échalotes**. Ajouter le **son d'avoine**, la mie de pain **complet** et les **cives** ciselées. Saler et poivrer. Tout mélanger. Dans une cocotte **antiadhésive**, faire dorer les escalopes dans l'huile végétale. Mettre sur chacune environ 1 cuillère à café de farce. Arroser avec un bouillon confectionné à l'aide du cube de légumes déshydraté et **dégraissé** dissout dans 200ml d'eau chaude. Couvrir et laisser mijoter à feu doux 25 minutes. Bon appétit !

Si vous aimez la cuisine épicée, n'hésitez pas, lors de l'assaisonnement, à ajouter du piment moulu.

Votre note pour ce plat :   /10

༄❀ Veau sauce franche ❀༅

Temps de préparation à prévoir : 25 minutes

Temps de cuisson : 2 heures

Dominance nutritionnelle du plat

Féculent ☐ Laitier ☐ VPO ☑
Légume vert ☐ Fruit ☐

Ingrédients : 1 Kg de viande de veau **maigre**, 1 **poivron**, 200g de dés de jambon **maigre**, 200ml de vin blanc sec, 2 gros **oignons**, 2 **échalotes**, 30g de **farine de millet** (ou de farine de blé **complet**), 30g de **concentré de tomate**, 2 cuillères à soupe d'huile végétale, 2 cuillères à soupe de **graines de lin pilées**, 3 gousses d'**ail**, thym, laurier, **persil**, sel, poivre.

Remarque : toutes les huiles végétales feront l'affaire, sauf celles qui ne supportent pas la cuisson bien entendu (l'huile d'olive étant la plus conseillée). Les **graines de lin** sont riches en vitamines, en fibres, en sel minéraux...

Mise en œuvre culinaire : faire revenir dans une cocotte **antiadhésive**, et dans l'huile végétale, les **oignons, les échalotes** et l'**ail** hachés avec la viande de veau **maigre** découpée en morceaux. Bien les dorer. Ajouter les dés de jambon **maigre**. Saupoudrer de **farine de millet**. Laisser blondir tout en remuant sans cesse avec une cuillère en bois sur feu moyen. Ajouter le **persil** haché. Mouiller avec le vin blanc sec et décoller les sucs avec la cuillère en bois sur feu fort. Saler et poivrer. Laisser bouillir 5 minutes **à découvert**. Ajouter le thym et le laurier. Cuire à feu doux pendant 1 heure 30 minutes à couvert. Ajouter le **concentré de tomate** et le **poivron** découpé en dés. Laisser mijoter 30 minutes. Avant de dresser, parsemer le plat de **graines de lin pilées**. Bon appétit !

La recette peut également être mise en œuvre avec du blanc de poulet ou de dinde, et dans ce cas n'hésitez pas à ajouter à la recette du cumin dans l'assaisonnement.

Votre note pour ce plat : /10

Porc sauce au vin

Temps de préparation à prévoir : 20 minutes

Temps de cuisson : 2 heures 30 minutes

Dominance nutritionnelle du plat

| Féculent ☐ | Laitier ☐ | VPO ☑ |
| Légume vert ☐ | Fruit ☐ | |

Ingrédients : 1 Kg de rouelle de porc **sans couenne et dégraissée**, 300ml de vin rouge, 200ml de vinaigre, 100g de lardons, 1 **oignon**, 40g de farine de maïs **complet** (ou de farine de blé **complet**), 2 cuillères à soupe d'huile végétale, 2 cuillères à soupe de **graines de chia pilées**, 2 cuillères à soupe de **son de maïs**, 3 gousses d'**ail**, thym, laurier, **persil**, sel, poivre.

Remarque : toutes les huiles végétales feront l'affaire, sauf celles qui ne supportent pas la cuisson bien entendu (l'huile d'olive étant la plus conseillée). Les **graines de chia** sont riches en vitamines, en fibres…

Mise en œuvre culinaire : faire revenir dans une cocotte **antiadhésive**, et dans l'huile végétale, l'**oignon** découpé en rondelles, la rouelle de porc découpée en morceaux, ainsi que l'**ail** haché. Bien les dorer. Réserver dans un plat les morceaux de viande dorés. Dans une poêle bien chaude, **faire fondre** les lardons, puis les **égoutter**. Ajouter les lardons **bien dégraissés** à l'**oignon** doré dans la cocotte. Saupoudrer de farine de maïs **complet**. Laisser brunir quelques minutes, tout en remuant sans cesse avec une cuillère en bois sur feu moyen. Ajouter la viande dorée. Mouiller avec le vin rouge, et décoller les sucs avec la cuillère en bois sur feu fort. Laisser bouillir 5 minutes **à découvert**. Ajouter le thym et le laurier. Saler et poivrer. Cuire à feu doux pendant 2 heures 30 minutes à couvert. Ajouter le vinaigre, le **persil** haché, les **graines de chia pilées** et le **son de maïs** au moment de servir. Bon appétit !

Vous pouvez très avantageusement incorporer des petits pois frais à la recette 40 minutes avant la fin de la cuisson.

Votre note pour ce plat : /10

Croquette de veau

Temps de préparation à prévoir : 35 minutes

Temps de cuisson : 15 minutes   Th 7

Dominance nutritionnelle du plat

Féculent ☐   Laitier ☐   VPO ☑
Légume vert ☐   Fruit ☐

Ingrédients : 300g de viande de veau **maigre** cuite, 150g de jambon blanc **dégraissé sans couenne**, 100g de mie de pain **complet**, 100ml de lait **écrémé**, 1 œuf, 2 cuillères à soupe de **graines de navet germées**, 1 cuillère à soupe de **son d'avoine**, 1 cuillère à soupe d'huile végétale, 1 cuillère à soupe de **graines de lin pilées**, chapelure **complète**, **persil**, sel, poivre.

Remarque : le **son d'avoine** est très riche en fibres alimentaires, mais ne pas en abuser sous peine du colon irritable. Les **graines de navet germées** sont riches en vitamines, en fibres, en sel minéraux...

Mise en œuvre culinaire : hacher la viande de veau **maigre** cuite, le jambon blanc **dégraissé sans couenne** ainsi que le **persil**. Incorporer l'œuf entier, le **son d'avoine**, les **graines de navet germées**, le sel et le poivre. Faire tremper la mie de pain **complet** dans le lait **écrémé**. Tout mélanger. Confectionner des croquettes plates. Les disposer dans un plat à four huilé. Parsemer le tout de chapelure **complète** et des **graines de lin pilées**. Enfourner pendant 15 minutes à four chaud. Bon appétit !

A défaut de son d'avoine, vous pouvez le remplacer par du son de maïs, du son de riz ou par du son de blé.

Votre note pour ce plat :   /10

Agneau aux fèves

Temps de préparation à prévoir : 20 minutes

Temps de cuisson : 2 heures

Dominance nutritionnelle du plat

Féculent ☑   Laitier ☐   VPO ☑
Légume vert ☐   Fruit ☐

Ingrédients : 1 Kg d'épaule d'agneau **dégraissée**, 1 Kg de **fèves** écossées, 2 carottes, 1 gros **oignon**, 20g de **farine de patate douce** (ou de farine de blé **complet**), 2 cuillères à soupe d'huile végétale, 2 cubes de bouillon de légumes déshydraté et **dégraissé**, 3 gousses d'**ail**, laurier, thym, **persil**, sel, poivre.

Remarque : toutes les huiles végétales feront l'affaire, sauf celles qui ne supportent pas la cuisson bien entendu (l'huile d'olive étant la plus conseillée). L'**ail** possède de grandes vertus nutritionnelles. Le **persil** est riche en sels minéraux et en vitamines.

Mise en œuvre culinaire : faire tremper les fèves 1 heure dans l'eau. Départ eau froide salée, faire bouillir les fèves pendant 30 minutes, à couvert. Faire revenir dans une cocotte **antiadhésive**, et dans l'huile végétale, l'**ail** haché, l'**oignon** et les carottes découpés en rondelles, ainsi que l'épaule d'agneau **dégraissée** et découpée en morceaux. Bien les dorer. Saupoudrer le tout de la **farine de patate douce**. Laisser brunir quelques minutes tout en remuant sans cesse avec une cuillère en bois sur feu moyen. Mouiller avec le bouillon obtenu à l'aide des cubes de bouillon de légumes déshydraté et **dégraissé** dissous dans 500ml d'eau chaude. Sur feu fort, décoller les sucs au fond de la cocotte avec la cuillère en bois. Ajouter les fèves, le **persil**, le thym et le laurier. Saler et poivrer. Cuire à feu doux pendant 1 heure 30 minutes à couvert. Bon appétit !

L'épaule d'agneau dégraissée peut être remplacée par du gigot d'agneau dégraissé.

Votre note pour ce plat :   /10

ೲ❀ Foie en cocotte ❀ಌ

Temps de préparation à prévoir : 10 minutes

Temps de cuisson : 1 heure

Dominance nutritionnelle du plat

Féculent ☐   Laitier ☐   VPO ☑
Légume vert ☐   Fruit ☐

Ingrédients : 500g de foie d'agneau, 300ml de vin blanc sec, 1 carotte, 1 **oignon**, 30g de **farine de teff** (ou de farine de blé **complet**), 2 cuillères à soupe d'huile végétale, 2 cuillères à soupe de **graines de betterave pilées**, 1 cuillère à soupe de **son de blé**, 3 gousses d'**ail**, laurier, thym, **persil**, cumin, sel, poivre.

Remarque : toutes les huiles végétales feront l'affaire, sauf celles qui ne supportent pas la cuisson bien entendu (l'huile d'olive étant la plus conseillée). L'**ail** possède de grandes vertus nutritionnelles. Les graines de betterave sont riches en vitamines, en fibres et en sels minéraux.

Mise en œuvre culinaire : dans une cocotte **antiadhésive**, dans l'huile végétale, faire rissoler les morceaux de foie d'agneau. Les réserver. Dans la cocotte, faire rissoler à leur tour l'**oignon** et la carotte découpés en rondelles, ainsi que l'**ail** haché. Incorporer au fouet la **farine de teff**. Bien mélanger à l'aide d'une cuillère en bois, et laisser chauffer 1 minute sur feu moyen. Mouiller avec le vin blanc sec. Saler et poivrer. Sur feu fort, décoller les sucs du fond de la cocotte avec la cuillère en bois. Ajouter le **persil**, le thym et le laurier. Laisser bouillir 10 minutes **à découvert**. Ajouter les morceaux de foie d'agneau et le cumin. Laisser mijoter à feu doux 45 minutes et à couvert. Au moment de dresser, saupoudrer le plat de **son de blé** et des **graines de betterave pilées**. Bon appétit !

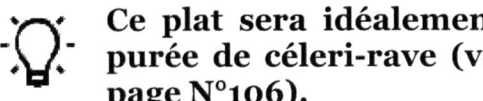

Ce plat sera idéalement accompagné de purée de céleri-rave (voir la recette à la page N°106).

Votre note pour ce plat :   /10

Gras double aux oignons

Temps de préparation à prévoir : 20 minutes

Temps de cuisson : 20 minutes

Dominance nutritionnelle du plat

Féculent ☐　　　Laitier ☐　　　VPO ☑
Légume vert ☑　　Fruit ☐

Ingrédients : 500g de gras double cuit, 500g d'**oignons**, 100ml de vinaigre, 2 cuillères à soupe d'huile végétale, 3 gousses d'**ail**, **persil**, sel, poivre, cumin.

Remarque : toutes les huiles végétales feront l'affaire, sauf celles qui ne supportent pas la cuisson bien entendu (l'huile d'olive étant la plus conseillée). Le gras double correspond à de la panse de bœuf. Ne pas l'acheter cru, car sa cuisson nécessite au moins 5 heures… L'**ail** possède de grandes vertus nutritionnelles.

Mise en œuvre culinaire : dans une cocotte **antiadhésive**, faire rissoler les **oignons** découpés en rondelles dans l'huile végétale, ainsi que l'**ail** haché. Ajouter ensuite le gras double découpé en lanières, le sel, le poivre et le cumin. Laisser cuire 15 minutes à découvert. Au moment de servir, mouiller avec le vinaigre et parsemer de **persil** haché. Bon appétit !

Cette recette peut être mise en pratique avec du blanc de poulet à la place du gras double, et dans ce cas inutile de vinaigrer en fin de cuisson.

Votre note pour ce plat : /10

ঞ❀ Sauté de lapin aux P. ❀ʊ

Temps de préparation à prévoir : 10 minutes

Temps de cuisson : 35 minutes

Dominance nutritionnelle du plat

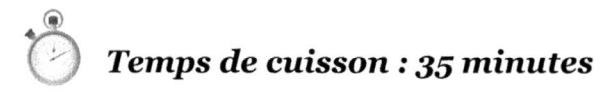

Féculent ☐   Laitier ☐   VPO ☑
Légume vert ☐   Fruit ☐

Ingrédients : 1 Kg de lapin, 300ml de vin blanc sec, 25 **pruneaux**, 2 **oignons**, 100g de **champignons de Paris** frais, 2 cuillères à soupe d'huile végétale, 2 cuillères à soupe de **graines de lin pilées**, 3 gousses d'**ail**, **persil**, sel, poivre.

Remarque : toutes les huiles végétales feront l'affaire, sauf celles qui ne supportent pas la cuisson bien entendu (l'huile d'olive étant la plus conseillée). Les **pruneaux**, lors du traitement de la constipation chronique, sont très indiqués. Les **graines de lin** sont riches en vitamines, en fibres et en sels minéraux.

Mise en œuvre culinaire : faire revenir dans une cocotte **antiadhésive**, et dans l'huile végétale, le lapin découpé en morceaux, ainsi que l'**ail** haché. Bien les dorer. Ajouter aux morceaux de lapin dorés les **oignons**, les **champignons de Paris** et le **persil** tous hachés. Saler et poivrer. Mouiller avec le vin blanc sec. Laisser bouillir **à découvert** 5 minutes, tout en décollant les sucs de la cocotte avec une spatule en bois. Ajouter les **pruneaux** et les **graines de lin pilées**. Couvrir et laisser cuire à feu doux 25 minutes. Bon appétit !

💡 A dresser avec un plat à base de quinoa.

Votre note pour ce plat :   /10

Terrine de lapin

Temps de préparation à prévoir : 30 minutes

Temps de cuisson : 2 heures   Th 6

Dominance nutritionnelle du plat

Féculent ☐   Laitier ☐   VPO ☑
Légume vert ☐   Fruit ☐

Ingrédients : 1 Kg de lapin, 1 litre de vin blanc sec, 300g de viande de porc **maigre**, 15 **pruneaux**, 2 carottes, 200ml de vinaigre, 3 œufs, 2 **oignons**, 100ml de calvados, 100g de mie de pain **complet**, 3 **échalotes**, 4 cuillères à soupe de **graines de courges**, 3 cuillères à soupe de **son de blé**, 2 cuillères à soupe d'huile végétale, 3 gousses d'**ail**, citron, **persil**, thym, laurier, romarin, clous de girofle, sel, poivre.

Remarque : le **son de blé** est très riche en fibres alimentaires, mais ne pas en abuser sous peine du colon irritable.

Mise en œuvre culinaire : faire mariner pendant au moins une journée le lapin découpé en morceaux, recouverts par les **oignons**, les carottes, les **échalotes**, l'**ail** découpés respectivement en lamelles ou en rondelles, les clous de girofle, le thym, le laurier et le romarin. Arroser avec le vin blanc sec, le vinaigre et l'huile végétale. Détacher les chairs du lapin mariné. Les hacher finement avec la viande de porc **maigre**. Ajouter la mie de pain **complet**, les jaunes d'œufs, les **pruneaux** découpés en petits dés, le **son de blé**, le calvados, le **persil** haché, le sel et le poivre. Tout mélanger. Battre les blancs d'œufs en neige ferme. L'incorporer délicatement à la farce à l'aide d'une spatule. Verser la préparation dans un plat à four huilé. Saupoudrer le plat des **graines de courges**. Enfourner au bain-marie pendant 2 heures. Arroser de jus de citron frais avant de consommer. Bon appétit !

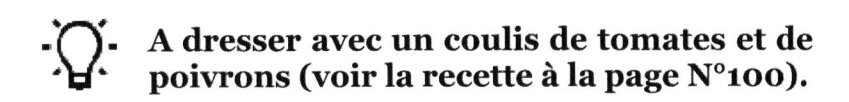

A dresser avec un coulis de tomates et de poivrons (voir la recette à la page N°100).

Votre note pour ce plat :   /10

Canard au quinoa

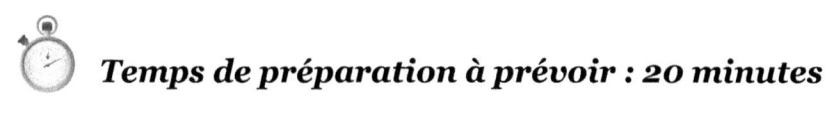

⏱ **Temps de préparation à prévoir : 20 minutes**

⏱ **Temps de cuisson : 35 minutes**

🍽 **Dominance nutritionnelle du plat**

Féculent ☑   Laitier ☐   VPO ☑
Légume vert ☐ Fruit ☐

Ingrédients : 350g d'aiguillettes de canards, 350g de **quinoa**, 2 **oignons**, 100g de dés de jambon **maigre**, 100g de lardons, 2 cuillères à soupe d'huile végétale, 2 cuillères à soupe de **graines de lin pilées**, 1 cuillère à soupe de **son d'avoine**, 1 cube de bouillon de légumes déshydraté et **dégraissé**, 3 gousses d'**ail**, **persil**, **ciboulette**, sel, poivre.

Remarque : toutes les huiles végétales feront l'affaire, sauf celles qui ne supportent pas la cuisson bien entendu (l'huile d'olive étant la plus conseillée). Les **graines de lin** sont riches en vitamines, en fibres, sels minéraux...

Mise en œuvre culinaire : dans une cocotte **antiadhésive**, faire dorer les aiguillettes de canards dans l'huile végétale. Les réserver. Faire revenir les **oignons** émincés, les dés de jambon **maigre** et l'**ail** haché dans la cocotte. Dans une poêle bien chaude, **faire fondre** les lardons puis **les égoutter**. Jeter dans la cocotte les lardons **dégraissés et égouttés** et les aiguillettes de canards dorées. Diluer le cube de bouillon de légumes déshydraté et **dégraissé** dans 700ml d'eau chaude. Mouiller, avec le bouillon obtenu, la préparation de la cocotte à feu fort. Saler et poivrer. Laisser bouillir à nouveau 5 minutes, tout en décollant les sucs de la cocotte avec une spatule en bois. Ajouter le **quinoa** rincé sous l'eau claire, le **persil** haché et les **ciboulettes** finement ciselées. Laisser cuire à feu moyen et à couvert 15 à 20 minutes (jusqu'à ce que le **quinoa** ait bu tout le bouillon). **Persiller** et parsemer le plat du **son d'avoine** et des **graines de lin pilées**, avant de dresser. Bon appétit !

💡 **Les aiguillettes de canards peuvent être remplacées par des aiguillettes de poulets.**

Votre note pour ce plat : /10

❦ ❀ Soissons sauce tomate ❀ ❦

Temps de préparation à prévoir : 30 minutes

Temps de cuisson : 1 heure

Dominance nutritionnelle du plat

Féculent ☑   Laitier ☐   VPO ☐
Légume vert ☐   Fruit ☐

Ingrédients : 1 kg de **soissons** secs, 500g de **tomates**, 1 gros **oignon**, 1 **échalote**, 2 cuillères à soupe d'huile végétale, 2 cuillères à soupe de **graines de chia pilées**, 3 gousses d'**ail**, **persil**, sel, poivre.

Remarque : ne pas cuire les **soissons** sans les avoir laissé tremper au moins 12 heures avant ! Toutes les huiles végétales feront l'affaire, sauf celles qui ne supportent pas la cuisson bien entendu (l'huile d'olive étant la plus conseillée). L'**ail** possède de grandes vertus nutritionnelles, même dans de faibles proportions. Les **graines de chia** sont riches en vitamines, en fibres...

Mise en œuvre culinaire : au moins 12 heures avant le début de la préparation, mettre les **soissons** à tremper dans une grande quantité d'eau froide. Dans une casserole **antiadhésive**, faire revenir dans l'huile végétale chaude, l'**oignon** et l'**échalote** découpés en lamelles, ainsi que l'**ail** haché. Monder les **tomates** (dans une casserole d'eau bouillante, plonger les tomates jusqu'à ce que la peau se détache puis les peler et les épépiner). Les découper en dés. Jeter les dés de **tomates** dans la casserole ainsi que les **soissons**, les **graines de chia pilées** et le **persil** haché. Saler et poivrer. Laisser mijoter 45 minutes voire 1 heure à couvert. Bon appétit !

On peut ajouter du Tabasco en fin de cuisson...

Votre note pour ce plat : /10

✿ H. rouges au poulet ✿

Temps de préparation à prévoir : 10 minutes

Temps de cuisson : 1 heure

Dominance nutritionnelle du plat

Féculent ☑ Laitier ☐ VPO ☑
Légume vert ☐ Fruit ☐

Ingrédients : 300g de **haricots rouges**, 300g de blanc de poulet, 250ml de vin rouge, 1 gros **oignon**, 2 cuillères à soupe d'huile végétale, 1 cuillère à soupe de **son de blé**, 1 cuillère à soupe de **graines de coriandre pilées**, 3 gousses d'**ail**, **persil**, sel, poivre, cumin.

Remarque : au cours de l'élaboration de cette recette, il ne faut pas mettre à tremper les **haricots rouges** avant de les cuisiner, en effet, cela entraînerait la surcuisson de ceux-ci, les transformant alors en purée. Les **graines de coriandre** sont riches en vitamines, en fibres...

Mise en œuvre culinaire : faire cuire les **haricots rouges** dans 750ml d'eau froide avec le vin rouge. Saler et poivrer. Au bout de 30 minutes de cuisson, introduire les blancs de poulet. Laisser cuire à nouveau 30 minutes. Retirer les blancs de poulet et les découper en dés. Dans une casserole **antiadhésive**, avec l'huile végétale, les faire rissoler accompagnés de l'**oignon** découpé en lamelles et l'**ail** haché. Egoutter les **haricots rouges** cuits et les intégrer au contenu de la casserole juste avant de dresser, accompagnés des **graines de coriandre pilées** et du **son de blé**. Ajouter du cumin et **persiller**. Bon appétit !

Une touche de piment fort moulu en fin de cuisson se marierait parfaitement avec ce plat.

Votre note pour ce plat : /10

❀ Fond d'artichaut garni ❀

⏱ **Temps de préparation à prévoir : 25 minutes**

⏱ **Temps de cuisson : 2 heures**   🌡 **Th 6**

🍽 **Dominance nutritionnelle du plat**

Féculent ☐   Laitier ☐   VPO ☐
Légume vert ☑   Fruit ☐

Ingrédients : 8 **fonds d'artichauts** surgelés, 2 carottes, 2 **oignons**, 100g de **champignons de Paris**, 40ml de **concentré de tomate**, 3 cuillères à soupe d'huile végétale, 1 **échalote**, 2 cuillères à soupe de chapelure **complète**, 2 cuillères à soupe de **son de blé**, 1 cube de bouillon de légumes déshydraté et **dégraissé**, 3 gousses d'**ail**, **persil**, cumin, sel, poivre.

Remarque : toutes les huiles végétales feront l'affaire, sauf celles qui ne supportent pas la cuisson bien entendu (l'huile d'olive étant la plus conseillée). Le **son de blé** est préconisé car il stimule le transit intestinal.

Mise en œuvre culinaire : mettre les **fonds d'artichauts** à décongeler la veille. Dans une casserole **antiadhésive**, dans 1 cuillère à soupe d'huile végétale, faire revenir un **oignon**, une carotte, l'**échalote**, les **champignons de Paris** et l'**ail,** tous hachés. Une fois blondi, ajouter le **persil** haché, le **concentré de tomate**, la chapelure **complète**, le **son de blé**, le cumin, le sel et le poivre. Réserver. Faire cuire les **fonds d'artichauts** 30 minutes dans de l'eau salée. Les égoutter. Les faire revenir dans 2 cuillères à soupe d'huile végétale. Ajouter un **oignon** et une carotte découpés en rondelles, ainsi que le bouillon confectionné avec le cube de bouillon de légumes déshydraté et **dégraissé** dissout dans 500ml d'eau. Laisser cuire 1 heure à couvert et à feu doux. Déposer les **fonds d'artichauts** dans un plat à four. Les arroser de leur jus de cuisson, et les garnir de la farce préparée. Enfourner 15 minutes à four chaud. Bon appétit !

On peut tout à fait remplacer les fonds d'artichauts par des pommes de terre, des tomates, des courgettes, etc.

Votre note pour ce plat :   /10

❀ Salade de champignons ❀

Temps de préparation à prévoir : 20 minutes

Dominance nutritionnelle du plat

Féculent ☐   Laitier ☐   VPO ☐
Légume vert ☑   Fruit ☐

Ingrédients : 250g de **champignons de Paris** crus, 100ml de **crème de sésame**, 1 **échalote**, 2 cuillères à soupe de **son de blé**, 2 cuillères à soupe de **graines de haricots mungo germées**, **ciboulette**, **persil**, jus de citron, sel, poivre.

Remarque : ne pas confectionner cette recette avec d'autres champignons crus que les **champignons de Paris** ! Le **son de blé** est très riche en fibres alimentaires, mais ne pas en abuser sous peine du colon irritable. La **crème de sésame** est très intéressante sur le plan nutritionnel, en effet, elle est riche en calcium et en fibres alimentaires. Le **persil** est riche en sels minéraux, en fibres et en vitamines.

Mise en œuvre culinaire : brosser les **champignons de Paris** et découper les pieds. Les couper en lamelles. Les arroser de jus de citron frais. Délayer la **crème de sésame** avec du jus de citron. Saler et poivrer. Mélanger les **champignons de Paris** et l'**échalote** finement ciselée, avec la sauce **crème de sésame**. Accompagner le tout de la **ciboulette** ciselée, du **persil** haché, du **son de blé** et des **graines de haricots mungo germées**. A consommer rapidement après sa confection. Bon appétit !

-☼- **On peut ajouter de l'ail finement ciselé à la recette.**

Votre note pour ce plat :   /10

Avocat garni

Temps de préparation à prévoir : 10 minutes

Dominance nutritionnelle du plat

Féculent ☐	Laitier ☐	VPO ☐
Légume vert ☐	Fruit ☑	

Ingrédients : 4 **avocats**, 100g de petites crevettes décortiquées, 15 cerneaux de **noix**, 15 **amandes**, 1 citron, 2 **échalotes**, 2 cuillères à soupe de **graines de lin pilées**, 2 cuillères à soupe de **son de maïs**, 1 cuillère à soupe de **purée de tomate**, **persil**, vinaigre, sel, poivre.

Remarque : l'**avocat** est un fruit oléagineux, de la même famille que les **noix**, les **amandes**, les noisettes, etc. Ces fruits sont riches en vitamine B9, en oméga 3 et 6, en acides gras essentiels, en fibres... Le **son de maïs** est très riche en fibres alimentaires, mais ne pas en abuser sous peine du colon irritable. Les **graines de lin** sont riches en vitamines, en fibres...

Mise en œuvre culinaire : ouvrir les **avocats** en deux et retirer les noyaux. Préparer la farce en mélangeant les crevettes décortiquées, les **noix** et les **amandes** pilées, les **échalotes** finement ciselées, le **persil** haché, les **graines de lin pilées** et enfin le **son de maïs**. Assaisonner en ajoutant la **purée de tomate** et le vinaigre. Saler et poivrer. A consommer frais juste après avoir arrosé de jus de citron frais. Bon appétit !

On peut ajouter de l'ail finement ciselé à la recette ainsi que du piment moulu...

Votre note pour ce plat :   /10

☙❀ Coulis de tomates et P. ❀☙

Temps de préparation à prévoir : 20 minutes

Temps de cuisson : 20 minutes

Dominance nutritionnelle du plat

Féculent ☐　　　Laitier ☐　　　VPO ☐
Légume vert ☑　　Fruit ☐

Ingrédients : 2 **poivrons**, 150ml d'eau, 2 **tomates**, 2 **oignons**, 2 cuillères à soupe d'huile végétale, 1 cuillère à soupe de **graines de coriandre pilées**, 4 gousses d'**ail**, sel, poivre.

Remarque : toutes les huiles végétales feront l'affaire, sauf celles qui ne supportent pas la cuisson bien entendu (l'huile d'olive étant la plus conseillée). Ce coulis accompagnera des viandes **maigres grillées** ou des poissons (idéalement des poissons **gras**). Les **graines de coriandre** sont riches en vitamines, en fibres... L'**ail** possède de grandes vertus nutritionnelles.

Mise en œuvre culinaire : monder les **tomates** (les plonger dans de l'eau bouillante, puis les peler), les épépiner. Laver et épépiner également les **poivrons**. Les découper en dés. Dans une casserole **antiadhésive**, faire suer l'**oignon** et l'**ail** hachés dans l'huile végétale. Ajouter les dés de **tomates** et de **poivrons**. Laisser cuire à couvert. Lorsque c'est cuit, ajouter les 150ml d'eau et les **graines de coriandre pilées**. Tout passer au mixeur. Saler et poivrer. Bon appétit !

On peut ajouter du piment moulu à la recette pour ses vertus stimulatrices du transit intestinal.

Votre note pour ce plat :   /10

ೞ❀ *Potage crème de petits P.*❀ಌ

Temps de préparation à prévoir : 20 minutes

Temps de cuisson : 35 minutes

Dominance nutritionnelle du plat

Féculent ☐   Laitier ☐   VPO ☐
Légume vert ☑   Fruit ☐

Ingrédients : 1,5 litre d'eau, 750g de **petits pois** frais, 500ml de **lait d'avoine** nature, 15g de **farine de pépin de courge** (ou de farine de blé **complet**), croûtons **complets**, **persil**, sarriette, sel, poivre.

Remarque : la sarriette peut être remplacée par du thym. Les **petits pois** et le **lait d'avoine** sont riches en fibres alimentaires végétales. Le **persil** est riche en sels minéraux, en fibres et en vitamines.

Mise en œuvre culinaire : cuire les **petits pois** dans l'eau bouillante avec les branches de sarriette. Les égoutter en conservant le liquide de cuisson. Réduire en purée les **petits pois** cuits. Ajouter la moitié du bouillon de cuisson et la moitié du **lait d'avoine** nature. Dans l'autre moitié de **lait d'avoine** froid, délayer au fouet la farine de **pépins de courge**. Incorporer le tout au potage en ébullition. Laisser cuire 5 minutes. Saler et poivrer. Dresser le potage accompagné de croûtons **complets** et de **persil** haché. Bon appétit !

💡 A dresser accompagné de croûtons complets à l'ail.

Votre note pour ce plat : /10

༄❀ ......*Gratin d'aubergines* ....❀༅

Temps de préparation à prévoir : 25 minutes

Temps de cuisson : 1 heure   Th 6

Dominance nutritionnelle du plat

Féculent ☐   Laitier ☐   VPO ☑
Légume vert ☑   Fruit ☐

Ingrédients : 3 **aubergines**, 500g de viande de bœuf hachée **à 5% de matières grasses**, 2 **oignons**, 4 cuillères à soupe de **concentré de tomate**, 3 cuillères à soupe d'huile végétale, 2 cuillères à soupe de **graines de lin pilées**, 2 cuillères à soupe de **son d'avoine**, 5 gousses d'**ail**, chapelure **complète**, **persil**, sel, poivre.

Remarque : toutes les huiles végétales feront l'affaire, sauf celles qui ne supportent pas la cuisson bien entendu (l'huile d'olive étant la plus conseillée). L'**ail** possède de grandes vertus nutritionnelles. Le **persil** est riche en sels minéraux, en fibres et en vitamines.

Mise en œuvre culinaire : éplucher les **aubergines** et les découper en rondelles. Dans une poêle **antiadhésive**, dans la moitié de l'huile végétale, faire sauter les rondelles d'**aubergines**. Les réserver. Dans la poêle, faire revenir à leur tour les **oignons** et l'**ail** hachés dans la moitié d'huile végétale restante. Bien les rissoler. Ajouter la viande de bœuf hachée **à 5% de matières grasses**, le **concentré de tomate** et le **persil** haché. Saler et poivrer. Laisser cuire 10 minutes. Dans un plat à four, disposer alternativement une couche d'**aubergine** et une couche de viande **maigre** hachée jusqu'à épuisement. Parsemer le tout de chapelure **complète**, des **graines de lin pilées** et de **son d'avoine**. Cuire 40 minutes à four chaud. Bon appétit !

Les aubergines peuvent être remplacées par des courgettes, mais dans ce cas ne pas éplucher les courgettes.

Votre note pour ce plat : /10

Purée de céleri-rave

Temps de préparation à prévoir : 25 minutes

Temps de cuisson : 45 minutes   Th 6

Dominance nutritionnelle du plat

Féculent ☐ Laitier ☐ VPO ☐
Légume vert ☑ Fruit ☐

Ingrédients : 750g de **céleris-raves**, 250g de pommes de terre, 150ml de **crème d'avoine**, 2 cuillères à soupe de **graines de chia pilées**, 2 cuillères à soupe de **son de blé**, **persil**, chapelure **complète**, noix de muscade râpée, sel, poivre.

Remarque : le **son de blé** est très riche en fibres alimentaires, mais ne pas en abuser sous peine du colon irritable. Les **graines de chia** sont riches en vitamines, en sels minéraux mais également en fibres. La **crème d'avoine** possède l'avantage d'être dépourvu de matière grasse en plus d'être riche en fibres.

Mise en œuvre culinaire : cuire les **céleris-raves** épluchés et découpés en quartiers dans de l'eau salée. 15 minutes plus tard, ajouter les pommes de terre également épluchées et découpées en quartiers. Laisser cuire à nouveau 20 minutes. Egoutter et passer au presse-purée. Incorporer la **crème d'avoine**, les **graines de chia pilées**, la noix de muscade râpée et le **persil** finement haché. Poivrer. Remplir un plat à four et parsemer le tout de chapelure **complète** et de **son de blé**. Enfourner à four chaud pour gratiner. Bon appétit !

Il est possible d'augmenter la proportion de pommes de terre au détriment de celle de céleris-raves.

Votre note pour ce plat :   /10

❦ C. de Paris aux Herbes ❦

Temps de préparation à prévoir : 20 minutes

Temps de cuisson : 15 minutes

Dominance nutritionnelle du plat

Féculent ☐   Laitier ☐   VPO ☐
Légume vert ☑   Fruit ☐

Ingrédients : 400g de **champignons de Paris**, 2 **échalotes**, 2 cuillères à soupe d'huile végétale, 2 cuillères à soupe de **son de maïs, ciboule de saint Jacques, ciboulette, coriandre, persil**, 3 gousses d'**ail**, sel, poivre.

Remarque : toutes les huiles végétales feront l'affaire (en cas de constipation sévère, privilégiez l'huile de paraffine). Les **champignons de Paris** sont riches en fibres. Le **son de maïs** est très riche en fibres, mais ne pas en abuser sous peine du colon irritable. Le **persil** est riche en sels minéraux, en fibres et en vitamines.

Mise en œuvre culinaire : nettoyer les **champignons de Paris** et couper les pieds terreux. Dans une poêle **antiadhésive**, et dans l'huile végétale, faire revenir les **échalotes** et l'**ail** hachés. Ajouter les **champignons de Paris**, la **ciboule de saint Jacques** et la **ciboulette**. Saler et poivrer. Cuire à feu fort quelques minutes. Dresser en ajoutant la **coriandre** et le **persil** hachés et en parsemant le plat de **son de maïs**. Bon appétit !

- **A dresser avec une sole meunière (voir la recette à la page N°36).**

Votre note pour ce plat : /10

✿ .... *Courgettes sautées* .... ✿

Temps de préparation à prévoir : 10 minutes

Temps de cuisson : 15 minutes

Dominance nutritionnelle du plat

Féculent ☐ Laitier ☐ VPO ☐
Légume vert ☑ Fruit ☐

Ingrédients : 4 **courgettes**, 40g de **cerfeuil**, 2 cuillères à soupe d'huile végétale, 20g de farine de blé **complet**, 2 cuillères à soupe de **son de riz**, 2 cuillères à soupe de **graines de sésame pilées**, **persil**, 3 gousses d'**ail**, **piment** fort, jus de citron frais, sel, poivre.

Remarque : toutes les huiles végétales feront l'affaire, sauf celles qui ne supportent pas la cuisson bien entendu (l'huile d'olive étant la plus conseillée). Le **son de riz** est très riche en fibres alimentaires, mais ne pas en abuser sous peine du colon irritable. Les **graines de sésame** sont riches en vitamines, en sels minéraux...

Mise en œuvre culinaire : découper les **courgettes** en dés **sans les éplucher**. Les rouler dans la farine de blé **complet**. Dans une poêle **antiadhésive**, les faire dorer dans l'huile végétale, accompagnés de l'**ail** très finement haché. Saler et poivrer. Servir avec le cerfeuil et le **persil** hachés, ainsi qu'avec du **piment** fort moulu. Saupoudrer le tout de **son de riz** et de **graines de sésame pilées**. Citronner juste avant de consommer. Bon appétit !

-☼- **Les courgettes peuvent être remplacées par des aubergines (épluchées).**

Votre note pour ce plat :   /10

ꙮ ❀ ...... *Gâteau de courgettes* ...... ❀ ꙮ

Temps de préparation à prévoir : 25 minutes

Temps de cuisson : 20 minutes   Th 6

Dominance nutritionnelle du plat

Féculent ☐   Laitier ☐   VPO ☐
Légume vert ☑   Fruit ☐

Ingrédients : 600g de **tomates**, 500ml de lait écrémé, 400g de **courgettes**, 120g de lardons, 3 cuillères à soupe d'huile végétale, 20g de **farine de quinoa** (ou de farine de blé **complet**), 2 cuillères à soupe de **son d'avoine**, 1 cuillère à soupe de **farine de lin**, chapelure **complète**, 3 gousses d'**ail**, **persil**, noix de muscade râpée, sel, poivre.

Remarque : toutes les huiles végétales feront l'affaire, sauf celles qui ne supportent pas la cuisson bien entendu (l'huile d'olive étant la plus conseillée). Le **son d'avoine** est très riche en fibres alimentaires.

Mise en œuvre culinaire : laver puis couper les **courgettes non épluchées** et les **tomates** en rondelles **épépinées**. Dans un plat à four, alterner les tranches de **courgettes** avec celles de **tomates épépinées**, jusqu'à épuisement. Dans une poêle chaude, **faire fondre** les lardons, puis **les égoutter** et les réserver. Faire chauffer l'huile végétale dans une casserole. Incorporer la **farine de quinoa** mélangée à la **farine de lin** au fouet, en la versant en pluie sur feu doux, jusqu'à l'obtention d'un mélange homogène. Verser le lait **écrémé** chaud. A mi-cuisson, ajouter l'**ail** finement haché, le sel, le poivre, le **persil** haché et la noix de muscade râpée, en remuant sans cesse à l'aide du fouet : on obtient une béchamel. Napper le plat de cette béchamel, enrichie au préalable des lardons **dégraissés**. Parsemer le plat de chapelure **complète** et de **son d'avoine**. Enfourner 20 minutes à four chaud. Bon appétit !

> **Il est possible de confectionner la sauce uniquement avec le lait écrémé et les deux farines, la sauce obtenue sera ainsi beaucoup moins calorique...**

Votre note pour ce plat : /10

ꙮ ❀ .... *Haricots verts à la H.* .... ❀ ꙮ

Temps de préparation à prévoir : 40 minutes

Temps de cuisson : 35 minutes

Dominance nutritionnelle du plat

Féculent ☐ Laitier ☐ VPO ☐
Légume vert ☑ Fruit ☐

Ingrédients : 1kg de **haricots verts** surgelés, 500ml de **coulis de tomates**, 2 **oignons**, 3 cuillères à soupe d'huile végétale, 2 cuillères à soupe de **graines de betterave pilées**, **persil**, 3 gousses d'**ail**, sel, poivre, cumin.

Remarque : j'utilise des haricots verts surgelés par mesure de praticité, mais bien évidemment ils peuvent être utilisés frais... Toutes les huiles végétales feront l'affaire, sauf celles qui ne supportent pas la cuisson bien entendu (l'huile d'olive étant la plus conseillée). Les **graines de betterave** sont riches en fibres...

Mise en œuvre culinaire : dans de l'eau bouillante salée, jeter poignée après poignée les **haricots verts**, en attendant entre chaque poignée que l'ébullition ait reprise. Ne pas couvrir. Laisser cuire environ 10 à 15 minutes s'il s'agit de **haricots** surgelés et 25 minutes si ceux-ci sont frais. Les égoutter. Dans une casserole **antiadhésive**, faire revenir dans l'huile végétale, les **oignons** découpés en rondelles et l'**ail** finement haché jusqu'à ce qu'ils aient doré. Ajouter les **haricots verts**, le **coulis de tomate**, le **persil** haché, le sel, le poivre et le cumin. Laisser mijoter 20 minutes à couvert. Avant de servir, saupoudrer le plat des **graines de betterave pilées**. Bon appétit !

Les haricots verts peuvent être remplacés par des salsifis, des scorsonères, etc.

Votre note pour ce plat : /10

Salade aux figues

Temps de préparation à prévoir : 35 minutes

Dominance nutritionnelle du plat

Féculent ☐   Laitier ☐   VPO ☐
Légume vert ☑   Fruit ☑

Ingrédients : 15 **figues séchées**, 80g de **carottes râpées**, 40g de **pousses de soja**, 12 **cerneaux de noix**, 12 **amandes**, **mâche**, 2 cuillères à soupe de **graines de chicorée germées**, huile végétale, vinaigre, 1 cuillère à soupe de **son de maïs, persil**, **ail** semoule, jus de citron, sel, poivre.

Remarque : toutes les huiles végétales feront l'affaire (en cas de constipation sévère, privilégiez l'huile de paraffine). Les **figues** sont très riches en fibres alimentaires végétales (bien plus que les pruneaux). Les **carottes crues** ne posent aucun problème. Le **son de maïs** est très riche en fibres alimentaires. Le **persil** est riche en sels minéraux, en fibres et en vitamines.

Mise en œuvre culinaire : préparer la vinaigrette avec l'huile végétale et le vinaigre. Dans un saladier, mettre les **pousses de soja** et les **graines de chicorée germées** à mariner dans la vinaigrette pendant 30 minutes. Ajouter ensuite les **figues séchées** découpées en petits dés, les **carottes râpées**, les **cerneaux de noix** émiettés et les **amandes** pilées, la **mâche**, le **persil**, l'**ail semoule**, le **son de maïs**, le sel et le poivre. Arroser de jus de citron frais. A consommer aussitôt. Bon appétit !

-☼- **Vous pouvez ajouter du quinoa et/ou du riz complet à la recette.**

Votre note pour ce plat : /10

༄❀......*Gratin de chou R.*......❀༄

⏱ *Temps de préparation à prévoir : 25 minutes*

⏱ *Temps de cuisson : 30 minutes*   🌡 *Th 7*

🍽 *Dominance nutritionnelle du plat*

Féculent ☐   Laitier ☐   VPO ☐
Légume vert ☑ Fruit ☐

Ingrédients : 1 **chou romanesco**, 500ml d'eau, 40g de **farine de lentille** (ou de farine de blé **complet**), 4 cuillères à soupe d'huile végétale, 2 cuillères à soupe de **son d'avoine**, 2 cubes de bouillon de légumes déshydraté et **dégraissé**, 4 gousses d'**ail**, **persil**, chapelure **complète**, sel, poivre.

Remarque : toutes les huiles végétales feront l'affaire, sauf celles qui ne supportent pas la cuisson bien entendu (l'huile d'olive étant la plus conseillée). L'**ail** possède de grandes vertus nutritionnelles. Le **son d'avoine** est très riche en fibres alimentaires.

Mise en œuvre culinaire : découper le **chou romanesco** en bouquets. Les laver et les plonger 3 minutes dans l'eau bouillante. Les égoutter et les déposer dans un plat à four. Dans une casserole **antiadhésive**, faire chauffer l'huile végétale. Verser en pluie la **farine de lentille** en la mélangeant au fouet sur feu doux. Laisser cuire 2 minutes. Mouiller avec le bouillon obtenu à l'aide des cubes de bouillon de légumes déshydraté et **dégraissé** dissous dans 500ml d'eau. Remuer sans cesse au fouet pendant 5 minutes sur feu moyen. Ajouter l'**ail** très finement ciselé, le sel, le poivre et le **persil** haché. Napper le **chou romanesco** de la sauce béchamel obtenue. Parsemer le plat de chapelure **complète** mélangée au **son d'avoine**. Enfourner à four chaud pendant 10 minutes. Bon appétit !

Il est possible de confectionner la sauce uniquement avec le bouillon et la farine de lentille, la sauce obtenue sera ainsi beaucoup moins calorique...

Votre note pour ce plat : /10

Régal aux amandes

Temps de préparation à prévoir : 1 heure

Dominance nutritionnelle du plat

Féculent ☐ Laitier ☑ VPO ☐
Légume vert ☐ Fruit ☑

Ingrédients : 500g d'**amandes complètes**, 250ml d'eau, 250ml de **lait d'avoine nature**, 4 feuilles de gélatine, 15g de sucralose, 2 cuillères à soupe de **son de blé**. 1 cuillère à soupe de **graines de chia pilées**, 1 cuillère à café de vanille liquide.

Remarque : les amandes sont les graines oléagineuses les plus intéressantes par rapport aux autres noix et graines. Elles contiennent plus de **fibres alimentaires végétales**. Le **son de blé** est très riche en fibres alimentaires, mais ne pas en abuser sous peine du colon irritable. Le sucralose peut être remplacé par 100g de sucre. Le **lait d'avoine** est le lait le plus riche en fibres en plus d'être dépourvu de matière grasse.

Mise en œuvre culinaire : mixer les **amandes complètes** grossièrement. Au **lait d'avoine**, ajouter les feuilles de gélatine dissoutes dans 250ml d'eau chaude. Ajouter le sucralose, la vanille liquide et enfin les **amandes complètes** mixées. Verser dans un moule et placer au frais plusieurs heures. Saupoudrer de **graines de chia pilées** juste avant de servir. Bon appétit !

Pour démouler le dessert, tremper le moule dans l'eau tiède 30 minutes environ, puis le renverser dans un plat.

Votre note pour ce plat :   /10

꧁❀ Crème pâtissière enrichie ❀꧂

Temps de préparation à prévoir : 15 minutes

Temps de cuisson : 10 minutes

Dominance nutritionnelle du plat

Féculent ☐   Laitier ☑   VPO ☐
Légume vert ☐   Fruit ☐

Ingrédients : 500ml de **lait d'avoine** nature, 50g de fécule de maïs, 2 cuillères à soupe de **son de riz**, 2 cuillères à soupe de **graines de lin pilées**, 10g de sucralose, extrait de vanille liquide.

Remarque : cette crème pâtissière est totalement dépourvue de matière grasse ! Le **son de riz** et les **graines de lin pilées** sont très riches en fibres alimentaires végétales, en vitamines et en sels minéraux. Le sucralose peut être remplacé par 75g de sucre. Le **lait d'avoine** est le lait le plus riche en fibres en plus d'être dépourvu de matière grasse.

Mise en œuvre culinaire : faire bouillir 400ml de **lait d'avoine** nature parfumé à l'extrait de vanille liquide. Dans une terrine, mélanger au fouet 100ml de **lait d'avoine** nature avec la fécule de maïs et le sucralose. Incorporer peu à peu le **lait d'avoine** nature très chaud au fouet, jusqu'à l'obtention d'un mélange homogène. Ajouter le **son de riz** et les **graines de lin pilées**. Cuire le mélange à feu doux et cesser la cuisson dès la première ébullition. A consommer frais. Bon appétit !

Vous pouvez utiliser du lait écrémé nature à la place du lait d'avoine.

Votre note pour ce plat :   /10

Crêpes aux bananes

Temps de préparation à prévoir : 25 minutes

Temps de cuisson : 30 minutes Th 6

Dominance nutritionnelle du plat

Féculent ☑ Laitier ☑ VPO ☐
Légume vert ☐ Fruit ☑

Ingrédients : 6 bananes **mûres**, 1 litre de lait **écrémé**, 3 œufs, 100g de **farine de coco**, 100g de fécule de riz, 50g de **farine de soja complète**, 50g de fécule de maïs, 2 cuillères à soupe de **son de riz**, 10g de sucralose, 1 cuillère à soupe d'huile végétale, extrait de vanille liquide, jus de citron.

Remarque : les 100g de **farine de coco**, 100g de fécule de riz et les 50g de **farine de soja** peuvent être remplacés par 250g de **farine de blé complet**. Le **son de riz** est très riche en fibres alimentaires, mais ne pas en abuser sous peine du colon irritable.

Mise en œuvre culinaire : tamiser la **farine de soja complète**. Dans un saladier, mélanger au fouet la **farine de coco**, la **farine de soja complète tamisée**, la fécule de riz, les œufs entiers, l'huile végétale, l'extrait de vanille et le jus de citron (environ ½ citron pressé). Incorporer progressivement 500ml de lait **écrémé** à l'aide du fouet, jusqu'à l'obtention d'une pâte bien homogène et lisse. Laisser reposer au moins 1 heure au frais. Préparer la crème pâtissière avec les 500ml de lait **écrémé** restant, les 50g de fécule de maïs, le **son de riz**, le sucralose et de l'extrait de vanille, selon la recette de la page N°122. Cuire 12 crêpes. Couper les bananes **mûres** épluchées dans le sens de la longueur. Sur chaque crêpe, déposer une demi-banane **mûre** et de la crème pâtissière enrichie. Rouler et déposer les crêpes dans un plat à four huilé. Passer au four chaud 5 à 10 minutes. Bon appétit !

Vous pouvez très avantageusement remplacer le lait écrémé par du lait d'avoine nature, voire par du lait d'amande.

Votre note pour ce plat :   /10

ༀ ❁ ..... *Délice de fruits rouges* ..... ❁ ༃

Temps de préparation à prévoir : 20 minutes

Dominance nutritionnelle du plat

Féculent ☐   Laitier ☑   VPO ☐
Légume vert ☐   Fruit ☑

Ingrédients : 300g de **fraises**, 300g de **framboises**, 300g de **groseilles**, 200ml de lait **écrémé**, 4 feuilles de gélatine, 2 cuillères à soupe de **son de maïs**, 2 cuillères à soupe de **graines de sésame pilées**, 10g de sucralose.

Remarque : le **son de maïs** est très riche en fibres alimentaires, mais ne pas en abuser sous peine du colon irritable. Les **graines de sésame** sont riches en vitamines, en sels minéraux (notamment en calcium) et en fibres. Le sucralose peut être remplacé par 75g de sucre. Le lait **écrémé** possède l'avantage d'être totalement dépourvu de matière grasse.

Mise en œuvre culinaire : chauffer le lait **écrémé** (ne pas le faire bouillir) et ajouter les feuilles de gélatine. Dès que les feuilles de gélatine sont dissoutes, ajouter le sucralose, les **graines de sésame pilées**, le **son de maïs**, ainsi que les **fraises** et les **framboises** coupées en dés, puis les **groseilles**. Remplir des ramequins individuels. Entreposer plusieurs heures au frais. A consommer démoulé. Bon appétit !

Vous pouvez très avantageusement remplacer le lait écrémé par du lait d'avoine nature, voire par du lait d'amande.

Votre note pour ce plat : /10

Gelée d'orange

Temps de préparation à prévoir : 20 minutes

Dominance nutritionnelle du plat

Féculent ☐   Laitier ☐   VPO ☐
Légume vert ☐   Fruit ☑

Ingrédients : 12 **oranges**, 250ml d'eau, 3 **citrons**, 8 feuilles de gélatine, 15g de sucralose, 2 cuillères à soupe de **son de blé**, 2 cuillères à soupe de **graines de courge**.

Remarque : le **son de blé** est très riche en fibres alimentaires, mais ne pas en abuser sous peine du colon irritable. Les **graines de courge** sont riches en vitamines, en sels minéraux et en fibres. Le sucralose peut être remplacé par 100g de sucre.

Mise en œuvre culinaire : faire dissoudre les feuilles de gélatine dans l'eau tiède. Râper le zeste d'une **orange** et d'un **citron**. Ajouter ces zestes et le sucralose aux feuilles de gélatine dissoutes dans l'eau. Extraire les jus d'**oranges** et de **citrons** et les incorporer au mélange eau-gélatine. Verser dans un moule. Laisser refroidir au réfrigérateur. Démouler et, juste avant de dresser, parsemer le dessert de **son de blé** et de **graines de courge**. Bon appétit !

Pour démouler facilement, tremper 30 minutes votre plat dans l'eau chaude et renverser ensuite.

Votre note pour ce plat :   /10

༺❀ Riz condé aux brugnons ❀༻

Temps de préparation à prévoir : 25 minutes

Temps de cuisson : 35 minutes

Dominance nutritionnelle du plat

Féculent ☑   Laitier ☑   VPO ☐
Légume vert ☐   Fruit ☑

Ingrédients : 6 **brugnons**, 1 litre de **lait d'avoine** nature, 250g de riz rond **complet**, 100g de **fraises**, 100g de **framboises**, 100g de **myrtilles**, 40g d'**amandes** effilées, 15g de sucralose, 2 cuillères à soupe de **graines de sésame pilées**.

Remarque : les **graines de sésame** sont riches en vitamines, en sels minéraux et en fibres. Le sucralose peut être remplacé par 100g de sucre. Le **lait d'avoine** est le lait le plus riche en fibres en plus d'être dépourvu de matière grasse. Le riz rond **complet** est riche en fibre au contraire du riz rond blanc qui en est dépourvu.

Mise en œuvre culinaire : dans une grande quantité d'eau bouillante, verser le riz rond **complet** pendant 5 minutes, puis l'égoutter. L'intégrer ensuite au **lait d'avoine** nature bouillant. Laisser cuire 30 minutes. Retirer du feu et incorporer la moitié du sucralose en le mélangeant au riz. En remplir un moule à savarin. Peler les brugnons et les dénoyauter. Les couper en deux. Dans une casserole, verser 100ml d'eau et l'édulcorer avec le sucralose restant. Laisser bouillir, et y pocher les oreillons de brugnons pendant 4 minutes. Les égoutter. Faire de même avec les autres fruits rouges. Démouler le riz **complet** au **lait d'avoine** dans un plat. Décorer la couronne avec les brugnons pochés, et en garnir le centre avec les **fruits rouges** pochés. Finir en laissant pleuvoir les **amandes** effilées et les **graines de sésame pilées** sur le dessert. A servir frais. Bon appétit !

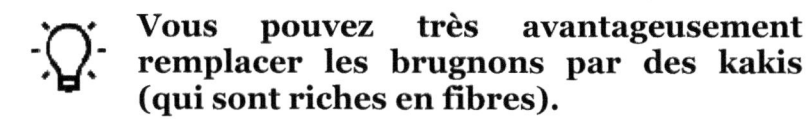

Vous pouvez très avantageusement remplacer les brugnons par des kakis (qui sont riches en fibres).

Votre note pour ce plat : /10

༄ ❁ .... *Crème de pommes* .... ❁ ༅

⏱ *Temps de préparation à prévoir : 35 minutes*

⏱ *Temps de cuisson : 50 minutes*

🍽 *Dominance nutritionnelle du plat*

Féculent ☐   Laitier ☑   VPO ☐
Légume vert ☐   Fruit ☑

Ingrédients : 1 Kg de **pommes**, 500ml de **lait d'avoine** nature, 100g de **raisins secs**, citron, 50g de **farine de soja complète**, 15g de sucralose, 2 cuillère à soupe de **son d'avoine**, 2 cuillères à soupe de **graines de chia pilées**, extrait de vanille liquide.

Remarque : toutes les variétés de pommes feront parfaitement l'affaire, et doivent être consommées **cuites**. Le sucralose peut être remplacé par 100g de sucre. Les **graines de chia** sont riches en vitamines, en sels minéraux et en fibres. Le **son d'avoine** est très riche en fibres alimentaires.

Mise en œuvre culinaire : éplucher les **pommes**, les épépiner, et les couper en morceaux. Les jeter dans une casserole avec 1 verre d'eau et le zest de citron. **Cuire** les dés de **pommes** à feu doux, à couvert, jusqu'à l'obtention d'une **compote** (mixer à la fin si nécessaire). A la fin de la cuisson, ajouter 10g de sucralose. Dès que la **compote** est froide, incorporer les **graines de chia pilées** et le **son d'avoine**. Tamiser la **farine de soja complète**. Faire bouillir 400ml de **lait d'avoine** nature parfumé à l'extrait de vanille. Dans une terrine, mélanger 100ml de **lait d'avoine** nature avec la **farine de soja complète tamisée** et le sucralose restant. Incorporer peu à peu le **lait d'avoine** nature très chaud au fouet, afin d'obtenir un mélange homogène. Cuire le mélange à feu doux et cesser la cuisson dès la première ébullition. Laisser refroidir. Placer dans un saladier une couche de **compote**, puis une couche de crème, quelques **raisins secs**, puis une couche de **compote**, une autre de crème, des **raisins secs**, etc. Mettre au frais au moins 2 heures. Bon appétit !

Votre note pour ce plat :   /10

෴ඁ......Crème au chocolat E......ඁ෴

Temps de préparation à prévoir : 10 minutes

Temps de cuisson : 20 minutes

Dominance nutritionnelle du plat

Féculent ☐　　　Laitier ☑　　　VPO ☐
Légume vert ☐　　Fruit ☐

Ingrédients : 1 litre de **lait d'avoine** nature, 150g de **chocolat noir extra à 90% de cacao minimum**, 2 cuillères à soupe de **son de riz**, 10g de sucralose, 5g d'agar agar.

Remarque : l'agar agar est de l'extrait d'algues rouges qui se vend sous forme de poudre. Le sucralose peut être remplacé par 75g de sucre. Le chocolat noir **ne constipe pas**, contrairement aux croyances... Le **lait d'avoine** est le lait le plus riche en fibres en plus d'être dépourvu de matière grasse. Le **son de riz** est très riche en fibres alimentaires.

Mise en œuvre culinaire : faire bouillir le **lait d'avoine** nature, dans lequel le **chocolat noir extra à 90% de cacao minimum** et le sucralose ont été dilués. Délayer l'agar agar dans une ou deux cuillères à soupe de **lait d'avoine** nature. Verser dans le **lait d'avoine** nature bouillant. Laisser cuire 10 minutes. A la fin de la cuisson, ajouter le **son de riz**. Verser dans de petits pots à yaourt en verre. Laisser refroidir. A consommer frais. Bon appétit !

Vous pouvez utiliser du lait écrémé à la place du lait d'avoine, voire du lait d'amande.

Votre note pour ce plat : /10

ꙮ✿ Mousse au café enrichie ✿ꙮ

Temps de préparation à prévoir : 10 minutes

Dominance nutritionnelle du plat

Féculent ☐　　　Laitier ☐　　　VPO ☐
Légume vert ☐　　Fruit ☐

Ingrédients : 8 blancs d'œufs, 2 cuillères à soupe de **son de blé**. 2 cuillères à soupe de **graines de lin pilées**, 10g de sucralose, 1 cuillère à soupe d'extrait de café.

Remarque : ce dessert est très pauvre en calories ! Les **graines de lin** sont riches en vitamines, en sels minéraux et en fibres. Le **son de blé** est très riche en fibres alimentaires, mais ne pas en abuser sous peine du colon irritable. Le sucralose peut être remplacé par 75g de sucre.

Mise en œuvre culinaire : battre les blancs d'œufs édulcorés au sucralose jusqu'à l'obtention d'une texture bien ferme. Incorporer aussitôt l'extrait de café aux blancs, en mélangeant doucement à l'aide d'une spatule. Verser dans des coupes. Tenir au frais au moins 1 heure. Juste avant de dresser, parsemer le dessert de **son de blé** et de **graines de lin pilées**. Bon appétit !

Vous pouvez décorer ce dessert de quelques éclats de noisettes ou bien d'amandes...

Votre note pour ce plat : /10

༅ ❀ ....*Crêpe enrichie*.................... ❀ ༅

Temps de préparation à prévoir : 15 minutes

Temps de cuisson : 15 minutes

Dominance nutritionnelle du plat

Féculent ☑   Laitier ☑   VPO ☐
Légume vert ☐   Fruit ☐

Ingrédients : 500ml de lait **d'avoine** nature, 3 œufs, 100g de **farine de coco**, 100g de Maïzena, 40g de **farine de soja complète**, 1 cuillère à soupe de **farine de caroube** (et pas de farine de graines de caroube !), 1 cuillère à soupe d'huile végétale, extrait de vanille liquide.

Remarque : les 100g de **farine de coco**, 100g de Maïzena, 40g de **farine de soja complète** peuvent être remplacées par 240g de **farine de blé complet**. Le **lait d'avoine** est le lait le plus riche en fibres en plus d'être dépourvu de matière grasse.

Mise en œuvre culinaire : tamiser la **farine de soja complète**. Dans un saladier, mélanger au fouet la **farine de coco**, la **farine de soja complète** tamisée, la Maïzena et la **farine de caroube**. Faire un puits dans le centre du saladier. Incorporer dans le puits les œufs entiers, l'huile végétale, l'extrait de vanille et le jus de citron (environ ½ citron pressé). Verser progressivement 500ml de **lait d'avoine** nature tout en remuant au fouet, jusqu'à l'obtention d'une pâte bien homogène et lisse. Laisser reposer au moins 1 heure au frais. Cuire les crêpes à l'aide d'une crêpière huilée. Bon appétit !

💡 **Vous pouvez utiliser du lait écrémé à la place du lait d'avoine, voire du lait d'amande.**

Votre note pour ce plat : /10

7 jours de menus Automne/hiver

Légende

- **MG** = matière(s) grasse(s).
- **CS** = cuillère à soupe.
- Les aliments surlignés **en gras** possèdent une importance particulière dans le cadre de vos diverticules coliques.

Jour 1

Petit-déjeuner

- **Lait d'avoine** nature.
- Gâteau au chocolat.
- **Mandarines**.

Déjeuner

- <u>**Canard au quinoa (voir la page N°88)**</u>.
- Frisée sauce vinaigrette enrichie d'une cuillère à café de **graines de betterave pilées**.
- Pain **complet**.
- <u>**Délice de fruits rouges (voir la page 126)**</u>.

Goûter

- Yaourt à la grecque enrichi d'une cuillère à café de **son de blé**.
- Biscuits secs riches en **céréales complètes**.
- Litchis.

Dîner

- <u>**Potage crème de petits pois (voir la page N°102)**</u>.
- Endive au jambon blanc **dégraissé** et **sans couenne**, à la c**rème d'avoine**, sel, poivre.
- Pain **multicéréale**.
- **Figues fraîches**.

Jour 2

Petit-déjeuner

- Café.
- Biscuits secs riches en **céréales complètes**.
- **Crème de pommes (voir la page N°132)**.

Déjeuner

- **Avocat garni (voir la page N°98)**.
- 70g environ de camembert.
- Laitue sauce vinaigrette, oignon rouge, échalote, ail semoule, sel, poivre, **persil**.
- Pain **de son**.
- Riz au lait **complet**.

Goûter

- Lait de vache chocolaté.
- Petits pains suédois **complets**.
- Compote de **rhubarbe** enrichie d'une cuillère à café de **graines de lin pilées**.

Dîner

- **Gras double aux oignons (voir la page N°82)**.
- **Quinoa**.
- Pain **aux quatre céréales**.
- **Lait d'avoine** nature.
- Nèfles.

Jour 3

Petit-déjeuner

- **Lait d'avoine** nature.
- **Crêpes enrichies (voir la page N°138)**.
- **Kiwi**.

Déjeuner

- **Nems** cuits au four.
- Semoule de **blé complet**.
- Pain **complet**.
- Camembert.
- **Figues fraîches**.

Goûter

- Lait de soja nature chocolaté.
- Pain **de son**.
- Margarine végétale.
- Raisin blanc.

Dîner

- **Salade de champignons (voir la page N°96)**.
- **Dinde braisée (voir la page N°48)**.
- Riz **complet** à la créole.
- Pain **aux fruits secs**.
- Fromage blanc assaisonné d'une cuillère à café de **graines de chia pilées**.
- Poire au four.

Jour 4

Petit-déjeuner

- Thé vert.
- Semoule au **lait de quinoa** nature.
- **Pruneaux.**

Déjeuner

- Salade de pommes de terre sauce vinaigrette, sel, poivre, **persil**, assaisonnée d'une cuillère à café de **son de riz**.
- **Suprême de truite (voir la page N°26).**
- Crosnes du japon cuits à la vapeur.
- Crème fraîche **à 5% de MG***, **persil**, sel, poivre.
- Pain **complet.**
- **Figues séchées.**

Goûter

- Pain **de son.**
- **Régal aux amandes (voir la page N°120).**

Dîner

- **Foie en cocotte (voir la page N°80).**
- Topinambours cuits à la vapeur, sel, poivre, **persil.**
- Crème de soja « spéciale cuisine », **persil**, sel et poivre enrichie d'une cuillère à café de **graines de coriandre pilées.**
- Lait de chèvre demi-écrémé nature.
- **Kaki.**

Jour 5

Petit-déjeuner

- Lait de vache **écrémé** chocolaté.
- Pain **aux quatre céréales** grillé.
- Margarine végétale.
- Compote de poire enrichie d'une cuillère à café de **son de riz**.

Déjeuner

- Ragoût de veau avec ses pommes de terre et ses **petits pois**.
- Pain **de son**.
- <u>**Crème pâtissière enrichie (voir la page N°122)**</u>.
- Mangue.

Goûter

- **Lait d'avoine** nature.
- Pain **aux céréales**.
- Beurre.
- Compote de **fruits rouges** assaisonnée d'une cuillère à café de **son de maïs**.

Dîner

- <u>**Orphie au vin blanc sec (voir la page N°24)**</u>.
- <u>**Champignons de Paris aux herbes (voir la page N°108)**</u>.
- Pain **complet**.
- **Lait d'avoine** nature.
- Mandarines.

Jour 6

Petit-déjeuner

- Thé vert.
- **Riz condé aux poires (voir la page N°130)**.

Déjeuner

- Jambonneau.
- **Gratin de chou-fleur (voir la page N°118)**.
- **Riz complet** cuit en pilaf au curry.
- Pain **complet**.
- Litchis.

Goûter

- **Crème pâtissière enrichie (voir la page N°122)**.
- **Pruneaux**.

Dîner

- Salade de crudités de saison : céleri-rave, betterave, carotte et panais, thon au naturel, échalote, **son d'avoine**, ail semoule, sauce vinaigrette, sel, **persil**, poivre.
- Pain **multicéréale**.
- Yaourt aux fruits assaisonné d'une cuillère à café de **graines de sésame pilées**.

Jour 7

Petit-déjeuner

- Café au lait de vache **écrémé**.
- Biscottes **complètes**.
- Beurre.
- **Clémentines**.

Déjeuner

- Un demi-**avocat**, échalote finement ciselée, une cuillère à café de **son d'avoine**, sel, **persil** et poivre.
- **Haricots rouges au poulet (voir la page N°92)**.
- Pain **aux quatre céréales**.
- Bleu de Bresse.

Goûter

- Yaourt de soja assaisonné d'une cuillère à café de **son de blé**.
- Biscuits secs riches en **céréales complètes**.
- **Gelée d'orange (voir la page N°128)**.

Dîner

- **Lasagnes complètes**.
- Pain **complet**.
- **Lait d'avoine** nature.
- **Mûres**.

7 jours de menus Printemps/été

Légende

- **MG** = matière(s) grasse(s).
- **CS** = cuillère à soupe.
- Les aliments surlignés **en gras** possèdent une importance particulière dans le cadre de vos diverticules coliques.

Jour 1

Petit-déjeuner

- Thé vert.
- Semoule au **lait de quinoa** nature.
- **Pruneaux.**

Déjeuner

- **Parmentier de saumon (voir la page N°38).**
- Roquette sauce vinaigrette, sel, poivre, dés de féta, **persil**, le tout assaisonné d'une cuillère à café de **son de riz**.
- Pain **complet**.
- **Framboises.**

Goûter

- Deux chocos.
- Deux petits suisses **maigres** assaisonnés d'une cuillère à café de **graines de chia pilées**.
- **Figues séchées.**

Dîner

- Bifteck grillé, **persil**, sel, poivre.
- **Purée de céleri-rave (voir la page N°106).**
- Pain **complet**.
- Yaourt **maigre** nature assaisonné d'une cuillère à café de **graines de lin pilées**.
- **Cerises.**

Jour 2

Petit-déjeuner

- Lait de vache **demi-écrémé** chocolaté.
- Pain **aux fruits secs** grillé.
- Margarine végétale.
- **Figues fraîches**.

Déjeuner

- **Congre sauce provençale (voir la page N°34)**.
- Boulgour et Ebbly.
- **Haricots verts à la hongroise (voir la page N°114)**.
- **Lait d'avoine** nature.
- Pain **complet**.
- Sapotilles.

Goûter

- Bouillie à la vanille.
- Jus de cranberries.

Dîner

- Côte de bœuf grillée (environ 120g).
- **Champignons de Paris aux herbes (voir la page N°108)**.
- Pain **complet**.
- Fromage blanc **maigre** assaisonné d'une cuillère à café de **son d'avoine**.
- Melon.

Jour 3

Petit-déjeuner

- Café.
- Fromage blanc **maigre** assaisonné d'une cuillère à café de **graines de sésame pilées**, de **flocons d'avoine** et de quartiers de **figues fraîches**.

Déjeuner

- **Tomates** sauce vinaigrette.
- **Sauté de lapin aux pruneaux (voir la page N°84)**.
- Pain **aux fruits secs**.
- Semoule au lait de vache **écrémé**.

Goûter

- Lait **écrémé nature**.
- **Crêpes enrichies (voir la page N°138)**.
- Banane **mûre**.

Dîner

- **Œufs farcis (voir la page N°20)**.
- **Petits pois** à l'étuvé, **persil**, sel et poivre.
- Pain **complet**.
- Yaourt **maigre** assaisonné d'une cuillère à café de **son de maïs**.
- **Amandes**.

Jour 4

Petit-déjeuner

- **Lait d'amande** chocolaté.
- Pains au lait.
- Salade de fruits au naturel assaisonnée d'une cuillère à café de **son de blé**.

Déjeuner

- Betterave cuite sauce vinaigrette, sel, **persil**, poivre, assaisonnée d'une cuillère à café de **son de riz**.
- **Poulet au riz complet (voir la page N°62)**.
- Pain **complet**.
- Yaourt à boire*.
- **Dattes séchées**.

Goûter

- Lait de vache **demi-écrémé** nature.
- **Crêpes aux bananes (voir la page N°124)**.

Dîner

- Saumon cuit à la vapeur, **persil**, jus de citron, sel et poivre.
- **Chou brocoli** sauté dans un peu d'huile d'olive extra vierge, sel, poivre et **persil**.
- Pain **de son**.
- **Riz condé aux brugnons (voir la page N°130)**.

Jour 5

Petit-déjeuner

- Lait de vache **écrémé** chocolaté.
- Pain **complet**.
- **Purée de sésame complète**.
- Jus d'orange **100% pur jus avec sa pulpe**.

Déjeuner

- **Salade aux figues (voir la page N°116)**.
- **Pain de viande de veau (voir la page N°64)**.
- Riz **complet** cuit à la créole.
- Pain **complet**.
- Tartelette à la **rhubarbe**.

Goûter

- Yaourt aux fruits assaisonné d'une cuillère à café de **graines de lin pilées**.
- Deux chocos.

Dîner

- Concombre à la crème fraîche **à 5% de MG*, persil**, une cuillère à café de **son de blé**, sel, poivre.
- Blanc de poulet rôti.
- Pain **aux quatre céréales**.
- Pêche.

Jour 6

Petit-déjeuner

- **Lait d'avoine** nature.
- Deux chocos.
- Jus d'orange **100% pur jus avec sa pulpe**.

Déjeuner

- **Tomates** sauce vinaigrette, échalote, ail semoule, sel, **persil**, poivre, une cuillère à café de **son de blé**.
- Langue de bœuf sauce moutarde.
- <u>**Soissons sauce tomate (voir la page N°90)**</u>.
- Morbier.
- Pain aux **fruits secs**.
- **Mûres**.

Goûter

- <u>**Crêpes enrichies (voir la page N°138)**</u>.
- Yaourt aux **fruits à 0% de MG*** assaisonné d'une cuillère à café de **son de riz**.

Dîner

- **Cœurs d'artichauts** sauce vinaigrette.
- <u>**Sardines au four (voir la page N°40)**</u>.
- <u>**Gratin de courgettes (voir la page N°104)**</u>.
- Pain **complet**.
- **Lait d'amande** nature.
- Banane **mûre**.

Jour 7

Petit-déjeuner

- **Flocons d'avoine**
dressés avec du lait de chèvre **demi-écrémé**.
- Salade de fruits frais.

Déjeuner

- **Haricots rouges au poulet (voir la page N°92)**.
- **Epinards** crus sauce vinaigrette
assaisonnés d'une cuillère à café de **son d'avoine**.
- Pain **complet**.
- Compote de poire/banane
assaisonnée d'une cuillère à café de **graines de chia pilées**.

Goûter

- Pain **de son**.
- Camembert.
- **Gelée d'orange (voir la page N°128)**.

Dîner

- Radis et beurre.
- **Moules à la marinière (voir la page N°44)**.
- Pain **de son**.
- **Groseilles**.

L'auteur traite également de...

La diarrhée chronique.
La maladie de Crohn.
La rectocolite hémorragique.
Les diverticules coliques.
La constipation chronique.
L'ostéoporose.
La perte de poids.
La prise de poids : la maigreur.
L'insuffisance cardiaque.
L'infarctus du myocarde.
Le régime sans sel.
Le régime sans gluten.
Le régime sans lactose.
Le diabète.
Les coliques néphrétiques uriques.
Les coliques néphrétiques calciques.
Les coliques néphrétiques xanthiques.
Les coliques néphrétiques oxaliques.
La goutte.
L'angine de poitrine.

L'hypercholestérolémie.
L'anémie.
L'hypothyroïdie.
Les reflux gastro-œsophagiens.
L'hernie hiatale.
Les dyspepsies (inconforts digestifs divers).
Les femmes allaitantes.
Les femmes enceintes.
La gastrite.
La corticothérapie.
La pancréatite.
La maladie de Cushing.
Le mégacôlon.
L'ulcère gastrique.
L'excès de cholestérol sanguin.
L'ulcère duodénal.
Les hémorroïdes.
L'hémochromatose.
Le sport.

Découvrez les ouvrages de Nicole BOSSY

Le journal de mes invitations.

Le journal de mes souvenirs d'enfance.
Le journal de ma thérapie.
Le journal de mes voyages.
Le journal de mes sorties culturelles.
Le journal de mes balades et randonnées.
Le journal de mes sorties au restaurant.
Le journal de mes musiques préférées.
Le journal des phrases et citations que j'aime.